白い道、どこまで続く

私の小熊つね子抄

大堀普美子

文芸社

目次

第一章　前奏曲　prelude

小熊つね子さんのこと

定山渓《じょうざんけい》トンネルを抜けた瞬間、横なぐりに粉雪が激しく吹きつける。うっかりすると、左側のうず高い雪溜まりに突っ込みかねない。

左手に美味《おい》しい蕎麦《そば》屋があった。起き抜けに朝食も摂らず新聞をわし摑《づか》みにして、道南の伊達《だて》市から車を走らせてきた。札幌と伊達市を往復する生活がここ一、二ヶ月続いている。

茹で上がる蕎麦を待ちながら、何気なく開いた北海道新聞の記事を追った。

「あ、あっ!」

私は相客が吃驚《びっくり》して振り向くような悲鳴を上げていた。

――一月三十一日午後一時一分、小熊つね子さん、橋本病院にて死去。葬儀は新宿の落合葬儀場で二日、小田切秀雄委員長にて行う――という小さな黒枠の記事が目の前を暗闇にしてしまった。

何ということだろう。つね子夫人が、あの、橋本病院で七十八歳の生涯を閉じてしまわれたとは。これからすぐ伊達市に戻り、航空券を手配しようか、だが札幌での用件も人命に関わることであった。香典だけをお送りしようか、でも、つね子夫人はひとりで病院生活をされていたはず。どのような方法で御霊前にこの悲しさ、無念さをお伝えしたらよいのだろう。ハンドルを握りながら涙が溢《あふ》れてくる。

気がついたら小さな郵便局の前に居た。あれこれ電文を考える暇もなかった。込み上げてくる哀しみの塊を四枚の頼信紙に連ね、長文の電報を打った。

『小熊つね子様の突然の訃報に接し呆然とし、とても悲しくなっております。橋本病院の事、小熊秀雄没後四十年祭の時の事。つね子夫人の優しい微笑みと綺麗な瞳と共に何時までも大切な思い出と致します。心から御冥福をお祈り申し上げます』

一九七八年五月、私は上京中の池袋で突然病魔に襲われ、豊島区長崎の、橋本病院へ担ぎ込まれた。即、開腹手術を受け一ヶ月余りの入院となったが、この駅名が椎名町と呼ばれる庶民的な街の救急病院で、私は故小熊秀雄氏夫人つね子さんとお知り合いになったのである。

偶然の出逢いは、早朝の病院の一階にある洗面所であった。濃緑の葉陰からこぼれた陽が窓ガラスを彩り、小柄なその人の横顔を青ざめさせていた。

「北海道から、まあ私、旭川なのよ」

声を掛けて下さった夫人のふさふさした銀髪と、眼鏡の奥の大きな瞳がキラキラと印象的であった。中野重治氏の詩に、

『君の細君の歯の白くきれいなりしは美し』

と詠われた前歯の、今は欠けていることを気にされて「なかなか歯医者へ通う暇がなくて」と口許を押え、はにかんでいられた。実際、小熊秀雄没後四十年祭に向けて出版社や新聞社、テレビ局関係の人達との打合わせで、病院での夫人は、非常に忙しそうだった。

私が手術を受けるその日、夫人は担架車の傍らでじっと手を握って下さり、「大丈夫よ、あなた」と、何度も繰り返しながら離そうとしなかった、あの時の掌の温もりが今、優しい想いとなって膨らんでくる。

手術後の三週間余りを私達は病室や廊下の隅で飽きもせず喋り合った。知里幸恵さんと机を並べた思い出、音楽教師時代に、小熊氏から「僕と結婚したら不幸になるよ」と囁《ささや》かれ、それがプロポーズだった事。上京後、赤貧の中で、精神の貴族を譲らず、火炎の如く書き、詩《うた》い、描き、そして数々の奇行のエピソード。宿痾《しゅくあ》の病を得て夭折《ようせつ》された御子息の

焔《ほのお》さんへの想いは、いずれもレクイエムとして、どなたかが書かれることと思う。

一九八〇年四月、一通の葉書が届いた。

『御ぶさたしてお許し下さい。知里幸恵さんと山音文学いただきました。ありがとうございました。私は胃かいようが殆ど快ゆして、そのうち退院せねばと思っておりましたのに一月中旬よりろくまくを併発して付添さんに付いてもらう始末。それでも五月二十四日の「小熊秀雄没後四十年祭」には出席せねばなりませんので頑張っております。是非拝顔を得たく、そのうち案内状がゆく筈です。簡単でおゆるし下さい』。

つね子夫人であった。病床で書かれたのだろうか、簡潔な達筆だったが、震えの目立つ字に、私は胸の塞がる思いがした。嬉しく、そして哀しかった。夫人との出逢いを書いた同人誌『山音文学』を読んで下さり、四十年祭へのお招きであった。

五月、市ヶ谷の法政大学で開かれた四十年祭に出席するため、私はひとりで上京した。どうしてもつね子夫人にお逢いしたかった。

「北海道からわざわざ来て下さったお友達よ」

病院から抜けて出てこられた夫人は、トイレに起つのさえ介護を必要としていた苦しい身体で、周囲の人達に細かく気を遣い、私をも温かく迎えて下さるのである。四十年祭は心の通い合う仲間達の盛大な集いであった。

小田切秀雄氏、三木卓氏、大岡信氏等の講演も感銘深く、ゴオルドラッシュの素晴らしい混声合唱は、三十九歳で逝った小熊秀雄の魂を現世に呼び戻すかのように人々の心にこだました。盛大な祭典の中で拍手に迎えられて喜びに包まれた小柄なつね子夫人が、どんなに大きな存在に感じられたことか。記念パーティの席では、谷口広志氏が夫人の手を取り、高々と掲げて、「この無欲で清純な女性が小熊作品を守り抜いた。我々はつね子さんの人柄にそうせずに居られないものを覚える」とアピールし、拍手を浴びた。故中野重治氏の夫人、原泉さんが突然の指名に起たれ、重治氏と秀雄氏の交友を話され涙を誘った。多くの詩を愛し文学を愛し小熊秀雄を慕う人々の、てらいのない美しい友情に、私もいつの間にか感激の渦中に居たのだった。

翌朝、橋本病院に寄り、つね子夫人とゆっくりお話をし、玄関前で一緒に写真を撮らせていただいた。夫人はとてもお元気だった。東京でつね子夫人のお世話をして下さる市川夫人も一緒に入っていただいた写真は、今、私の手許に大切に蔵ってある。

その後、上京の機会がなく、何度かお手紙を差し上げた。返事は、時折お見舞いに伺うようにと依頼した在京の私の娘の電話を通して、いつも「逢いたいって」と伝えられた。今年の賀状に「もう一度是非お目にかかりに参ります」と書いたばかりなのに……。

橋本病院の二〇一号室、十五人部屋の真ん中のベッドの上で、寺田画伯の、花の絵を見つめながら、「八十から自分の人生を生きるの」と、微笑んでいらっしゃった、小熊つね子さま。私は、今でも遠く、椎名町の空のあなたを想うのである。

椎名町にて

「千早町三十番地」

千早町三十番地東荘はどこなりや
落合にもなし
長崎にもなし
千川にもなし
そこで丸々逆戻りして線路を踏み切りて行く
そは　新道路にそえる古くさき旧道路
新道は人まだ通らず
白きプラスターに朝の陽てり

あちこちに筵のきれ敷かれたり
その掘鑿の泥旧道に積まれ
旧道はでこぼこと昇りくだる
そこを昇りくる女あり
どこかの掃除婦ならん
鼻より白き息吐き
袖にて口許かけておおう
そこに畳屋あり
軒に七輪をおき
朝の夕ドンを起こすところ
青きほのおの揺れると
犬二匹前肢を伸ばして不思議そうに見いる
そこに屑塚のある畑あり
老婆三人片手にバケツを掲げてそれを漁る
そしてアサリ屋あり
ごま塩のおやじ

濡れた小刀にて一応に剃身をつくる
そこの軒にブリキの手形さがり
この奥東荘と書いて指さす
なるほどそこにあり
崖によせかけ　一つの五味箱のごとくかなしく

「そこに君は」
そこに君は棺のなかに横たわる
ローソク燃え
木切れに法名を書いて立てゝあり
君の息子制服にて坐り
君の弟も坐る
君の弟は君よりも老けたり
僕は君の細君と話す
君の細君は白ききれいなる歯をせり
煙草をのまぬならん

僕は線香をさし
線香はどれもこれも脆し
僕は君の細君と話し
わが村の詩人が棺桶に入れられるを思い出す
わが村の詩人は棺桶に入れらる手足を折りて
君の棺を眺め
僕は死にたる時棺桶に入れられたくなり来る
君の死は何なりや
何なりや
まだ朝の道をかえりつゝ
君がやはりつぼめたる口して死ねるならんと思う
東荘はきたなく狭し
されど君の死にそいて
君の細君の歯の白くきれいなりしは美し

（中野重治詩集より）

洗面所は階段を降りると、突き当たりにあった。病室の朝は早い。本当は六時にならなければ起床してはいけないのだそうだけれど、老人が六割以上のこの病院では、窓の外が白み始める五時頃から、もうガタガタ起き出してくる。しかも、十五人部屋のある二階の病棟では、一ヶ所よりない洗面所がいつも満員のため私は、一階のこれは、外来患者用の手洗いと兼用になっている洗面所へ降りていくことを覚えた。幸い、東京の五月は、少々汚れの落ちにくいことを我慢さえすれば、湯を使用せずとも水だけの洗顔は、夜半来びっしょりと汗ばんだ首筋までも拭き上げると大変さわやかで、私は鏡を見ながら一人悦に入っていた。

ところが三日目の朝、そろりそろりと降りていった一階の洗面所に、もう先客が二人も居たのである。

「お早うございます」。私は、二人に声を掛けてから窓の方へ寄った。隣の家の庭がすぐそこにある。大きな椎の木の葉が緑を張らせて開け放された窓まで覆い被さってきている。もとは農村地帯だった町だそうで、病院は商店が建て混んだ狭い道路沿いの片側に、窮屈そうに、ひょろひょろと上にばかり高く建てられている。

「お早いですね」。振り向くと、入口に近い方の一人が笑っている。四人部屋で私と同室の老女であった。彼女は便が出ない病気だそうで、夜中に何回も便所へ通うので、ベッドに寝ていなくても、誰もあまり気にかけていなかった。ところが、彼女の隣の洗面台の前に、まるで森の精霊のようにも見える白髪の、前歯の欠けた小柄な老婆が、でんと構えて水を使っているのである。きっちり合わせた寝巻きの上に紺色に赤の縦縞の入った半纏《はんてん》を無造作に引っ掛けている。隣の頭越しにそっと覗《のぞ》くと、鏡の中の眼鏡を外した瞳がギラギラと光っている。あとで思うと、早朝の陽射しが葉陰を縫って鏡に強く反射して、多分そんな風に見えたのかも知れない。

「さあ、どうぞ」。同室の老女が、そう云って出て行った。

「ありがとうございます」。私は小さくなって、水道の蛇口を捻った。

何とも気になるのである。タオルを使いながらチラリと隣を見た。老女は、真ん中から分けた白髪を丁寧に梳《くしけず》っていた。細い少女のように頼りなげな頸が、その堅そうで量感のある白髪を重そうに支えている。

「奥さまは、どこがお悪いざんすか」

突然（私にはそう思えた）老女が声を掛けてきた。その声は幾分嗄《か》れていて、細い身体からやっと絞り出すようで、聞き取りにくいのだが落着いていて、どことなく品が良かった。

「多分……。手術をするんです。あの、レントゲンを何回も撮ったのですが、胆のうが映し出されてこないので、よくわからないんですって。でも、きっと手術をすると思います」

事実、痛みは一応止まったものの、検査の結果は判然せず、私は手術の日程も決められてはいなかった。

「さいざんすか、それは心配なことで。まあ、こちらの病院の副院長先生は、内臓外科の権威ですから御安心なすってよござんすよ。お若いのにねえ」

お若い、と云われて吃驚した私は、まじまじと老女の顔を見た。額に、唇の脇に、頬から頸に、太く刻み込まれた皺《しわ》、皺、老斑と云われている茶褐色の点が、額から両頬へかけて皮膚を覆っている。鼻梁《びりょう》は形よく高いのだが、口を開いて笑顔になった時にふと優しく変わる二重瞼《ふたえまぶた》の大きな瞳の周りも皮膚がたるんで、前歯が四、五本欠けている上顎。七十歳はとうに過ぎているのだろうか。

何より印象的なのが、その毛根の太そうな白髪で、堅そうな割には、ふさふさと、顔全体を包みこんでいて、それが現実離れした凄婉《せいえん》さを見せているのである。

「私はね、もう長年胃腸が悪うござんしてね、こちらの病院にはもう昨年の八月からお世話になっています。十年このかた、病院を出たり入ったり、ひどい時にはね、黒みがかった血便が出るんでざんすよ。年を取ると、ちっとも良いことがなくってね」

「はあ。大変でございますね。でもお元気そうで」

　私はこんな場所で精霊のような老女に摑っては面倒と、当たり障りのない応酬をしていた。

「奥さまはやはり、この長崎でございますか。わたくしは千早町なんざんすよ」

「私、北海道なんです」

「えっ、北海道、まあ北海道はどちらで。私も実は長く北海道に居りましてね。私の第二の故郷なのよ、あそこは……」

　彼女の言葉遣いが急に変わって、一調子高くなった。

「あの、洞爺湖《とうやこ》のそば、有珠山《うすざん》のあるところ……なんです。伊達というところ……」

「伊達？　さあ存じませんねえ。ずうっと田舎町なんでしょうか。そして、どうして東京で手術を？　あっ、そう、御旅行中に御発病を……ねえ、お気の毒に。私はね、旭川なんですよ、もう離れて五十年になるかしら。亡くなった主人がね、小熊秀雄といって詩人だったものだから、今でも色々と北海道の文壇の方達に大変お世話になっているのよ」

「まあ、あの小熊秀雄賞の……小熊さんの奥さま？　そうでしたの」

「あら、あなた、小熊を御存知ですか、それはそれは。主人は小樽出身なんですけれどね、少年の頃、わけがあって樺太へ行き、又、一人で旭川へ来ましてね、そこで新聞記者をしながら詩を書いたんですよ。大変な苦労をしたそうですの。でも北海道の方で、小熊の事を覚えていて下さる方は限られているみたい。あなたよく御存知でしたねえ、何かそちらの詩壇に関係していらっしゃるのでしょう」

「とんでもない、北海道新聞でよく拝見しているだけです」

小熊秀雄夫人と聞いて、私の胸は、ときめきだしていた。

「そうなの」。夫人は頓着なく早口で話し続けようとする。時々咳《せき》が出そうになるのか、胸に手を当てて、ごくっと唾を飲み込むような仕草をする。

「でも、最近はね、やっと中央の文壇でも取り上げられるようになってね。中野先生や、壺井繁治さん達と御一緒の詩集が出されたり、昨年はね、やっと小熊秀雄全集第五巻がね、創樹社という出版社から出たんですよ、あなた」

「あの中野先生って、プロレタリア文学の中野重治……」

「そうなのよ。小熊はね、昔からお仲間づきあいをしていましたからね。今迄もよく面倒見ていただいたんですの。小熊はねえ、三十九の若さで肺結核で死にましたけれど、文壇の仲間というか、本当に小熊を知って下さる方がいましてねえ、いいものでざんすねえ。

旭川のえーと、佐藤……」

「あの佐藤喜一さんですか、冬濤の」

「そう、そう、それに文化団体のお仕事をしていらっしゃる谷口さんとかね。又、札幌や東京の方達、絵も描きましたからね、絵の仲間、新聞社の方、出版社の方達。皆様がね、あなた、小熊の四十年祭をねえ、来年なんですけどね、東京で開いて下さるそうですよ。で、わたくしもね、その準備でとても忙しいの。何せ、資料があちらこちらお貸しして散らばっているでしょう。又、関係者の方との連絡はねえ、やはり私が仲へ入りませんとねえ。岩波さんの方も文庫本を出して下さるので、小熊の思い出を書くようにと仰るのですが、どうも、この歳でござんしょう。わたくしは文章も字も、うまくございませんからねえ。それにもう資料を揃《そろ》えるだけで頭の中が一杯で……」

眼鏡の奥の夫人の瞳は、いつの間にか少女のように生き生きと輝いていた。

「奥さま、あの失礼ですけれど、お一人でお暮しですの？　お子様は？」

「あなた、わたくしね、もうずっと一人なの。子供はね、男の子が一人、二十歳で死にましたよ。昭和元年に生まれていますからね、終戦の年ですねえ。やはり結核でねえ。小熊は、その五年後に亡くなってますでしょ。千早町のひどいアパートでした。このすぐ先ですよ。歩いて二十五分くらい。中野先生がね、訪ねて下さったのだけれどなかなか見つけられなくってね、先生、お書きになってますよ、その時の事。主人と子供を亡くしましたそのアパートをね、わたくしどうしても去り難くて、ずうっと其処に住んでいましたら、あまりボロ家になったので住人がみんな出ていってしまって、とうとうわたくし一人になってしまって。遂に、取り壊されることになってしまってね。雨は洩る、庇は壊れる、仕方なく諦めて引越しました。ええ、千早町を離れるのが何としても厭ですから、少し離れた場所ですが、千早荘というアパートに、それ以来、ずっと一人で住んでいるのよ。でもこうして殆ど病院のお世話になってますでしょう。ただ、アパートには、小熊の資料や、本や書類がございましてね。時々帰っていって手入れをしなけりゃいけないんですけど、この歳ではねえ、身体がなかなか云うことを聞いてくれないし。あの頃はねえ、あなた、宇野重吉さんなんかもよく見えましたけれど、電気料が払えなくて、電気は止められ、仕方なくローソクの灯りで暮しましたよ。子供は泣く。食べ物も薬もない。わたくしは身体が弱かった。それにね、二人目の子を妊ったんですけど、お金がないでしょう、お医者に行くことも誰に相談することも出来ないじゃない。わたくし何度も階段からわざと転げたの、そして、やっと流産してその後、ずうっと身体がいけなくなって。そんな中でね、小熊ったらじっと宙を見つめて考えていたり、真夜中にガバッと起きて夢中でペンを走らせたり、凄まじい絵を描いたりしていたの」

「あらあらわたくしとしたことが」

夫人は急に語調を変えた。

「あなたのお身体のことも考えずにお喋りをしてしまって。でもね、とても嬉しいのよ。今の方達って、小熊を知っていて下さる方が少ないし、わたくし、こうして入院してますでしょう。十五人もいるお部屋の中で、こんな話をしても誰にも相手にされませんしね。あなたが小熊の事、知っていて下さると聞いて、本当に嬉しくって」

夫人の喜び方があまりにも無邪気なので、私は困惑していた。恥ずかしい話が、小熊秀雄の詩や絵を、私は読んだり観たりしたことなどなかった。北海道新聞の学芸欄に小熊秀雄が取り上げられている時、引用される数行を覗いたくらいの知識より持ち合わせてはいない。

確か、『飛ぶ橇《そり》』という詩の中で、

「他人に不意に平手で、激しく頬を打たれたときのように、呆然と立ちつくした」

とか云う冬の襲来に対する描写が、とてもリアルで思わず頬っぺたを押えそうになった印象があったのを覚えているくらいだったから。

窓から射す陽光が、だんだん強くなってきていた。

「私も、素晴らしい方にお目にかかれて、とても嬉しいです。でも不勉強で、恥ずかしくって。奥さま、小熊先生の作品をお持ちでしたら拝借させていただけません？　二、三日でお返し申し上げますので」

「いいわよ。ただね、病院にはあまり持ってきてないので、病院宛てにね、お贈りいただいた本が少しあるくらいなのでねえ、そう、今度家へ戻って持ってきてあげる、千早町だからね。出版社の方が見えた時でも、一寸車に乗せていっていただきましょう」

「お願いします。ぜひ」

「あなた、ごめんなさいねえ。お引き留めしちゃって。お家を離れていては心細いでしょうけれど、お身体をお大事にね。手術が済んだら早く元気になって、お話ししましょうよ」

夫人と私は話しながら廊下へ出ていた。階段の入口で十五人部屋の方へ曲がる夫人と別れた。前屈みの姿勢で、スリッパを擦るようにしながら歩いていく小柄な夫人の肩に、白髪がふさふさと揺れていた。

五回もレントゲン写真を撮ったのに、私の胆のうは映像とならず、状態の解らないまま摘出手術をすることになった。手術の前日からは、もう食物、水は与えられず、午後はずっと臥《ふ》せっていた。夕方になっていただろうか、うつらうつらしていた私の枕許に、ふわっと、何かが近寄って来たような感じがして目を覚ました。

「あなた、大丈夫?　しっかりしなさいよ、胆石の手術なんて、簡単なんですってよ」

あ、嗄れたこの声は、やっぱり小熊夫人のものであった。

「すみません、奥さま。わざわざ来て下さって」

私は情けない声で、途切れ途切れに云った。

「だって、あなた、わたくし、あなたのお名前も存じ上げないんだもの。ホッホッホッホ。御本を貸して差し上げるの何のって云っちゃって。今ね、ひと部屋ずつ覗いてきたの。看護師さんにね、北海道の人って聞いたらすぐわかりました」

夫人はもう親しい友達のように、私の枕許のネーム・プレートを覗き込んで、手帳に書き留めると、

「わたくしね、旭川の庁立高女在学の時、一年間、知里真志保さんのお姉さんと机を並べて勉強したことがあるの（これは夫人の思い違いで、あとで貸していただいた藤本英夫著『銀のしずく降る降るまわりに』によると、知里幸恵さんは旭川市立高女に入学しているから、きっと高等科一年の時の事だろうと思う）。それからわたくしは師範科へ進んで小学校の教師になったの。十年おりましたね」

「知里幸恵さんは、アイヌのユーカラを遺された方ですよねえ。お若くして亡くなられた……。伺いたいわ、もっと、色々な事」

私は、肩で息をしながら小熊夫人を見上げた。夫人は、ベッドの傍らに倚った。

「幸恵さんの事は、あとで又。あなた、わたくしね、山口県の生まれなの、母の生家が有

名な桂公爵の縁類なの。大変な地所持ちでね、わたくしなどはお姫様のように育てられたわ。当時では珍しい芸事、ピアノも習ったりね。何不自由なかったのだけれど、父親がね、夢の多い人で、北海道に新天地を求めて、私達家族や賛同する村の人達を連れて旭川へ移住してきたの。ええ、農地や山林を買ってね、他人様の面倒をよく見た人だったけど、結局は、最後に財産を失くしてしまったらしくって。わたくしが十歳くらいの頃だから大正の初めかしらねえ」

「奥さま、小熊先生とはどうしてお知り合いになられたんですか。失礼かしら、こんなこと伺って……」

「いいわよ、もう時効になってますから。旭川時代の小熊はね、大正十二、三年頃ですけれど新聞記者をしていたの。童話や詩や評論を書いたり、それによく絵を描いていたの。なんでも絵の展覧会の会場だったのよ、新聞社主催だったかな、会場も忘れましたけれど、絵画展の会場で、皆が帰ったあとまで、わたくしが熱心に魅入っていたんですって。小熊が声を掛けてきましてね。ええ、そのまま、ずうっと歩き続けて彼の下宿へ行きましたの。そこであの人の生い立ちや、芸術論を聞かされたのね。終生、『自由でありたい』と云い続けたあの人の背景には、気性の激しい継母に育てられて苦労した事や、土木、材木作業員、漁師の手伝い。炭焼き、行商などで生計を立てた事があったわけでしょう。そんな時の底辺の生活の様々な苦悩を体験した事などがあったの。苦労知らずのお嬢さんで育った夢多い女教師は、もうすっかり、のめり込んでしまったわ」

「先生は……奥さまに、何て仰って」

夫人は、にっこり笑って、ベッドに両手をかけ、屈み込んで顔を近づけると、寝ている私の耳許へ囁いた。

――僕と結婚したら不幸になるよ、いいかい――

「あら、大変大変、明日手術ですものねえ。ごめんなさい。手術後一週間も経つとお話しが出来るようになりますでしょ。その時、わたくし、必ずあなたのところへ参りますよ。お大事になさいね、あなたは若いから、すぐ快くなりますから……ね」

夫人は、毛布の上から軽く私の肩を叩くと、ゆっくり腰を上げた。

翌日の午後、私は、鼻の穴から胃の底まで届かせるため、細いゴム管を、無理矢理飲まされた。そして、注射を打たれ、いよいよ手術室入りとなった。入院患者達の好奇な目が集まってくる。看護婦さんが、「どっこらっしょ」と、担架車に乗せながら笑い掛けてくる。「重いわね、手術の時間が二倍掛かるかもよ、ふふふ」。

太っていて腹部の肉が厚いから、メスが患部へ届くまで、他の人よりも時間がかかるわよ、という冗談なのであった。

（太っていると、本当に手術に時間がかかり過ぎるのだろうか）

俎上《そじょう》の鯉《こい》であるその時の私は、只でさえ心細く、何気ない看護婦の言葉が、心中穏やかならぬものに思えたのであった。その時、

「あなた、元気を出して頑張るのよ。行ってらっしゃい」

少し嗄れた、だが明るい声がして、誰かがきゅっと、私の手を握った。骨ばってざらざらしていたが温かい手だった。私は小熊夫人の、あの白髪を思い浮かべていた。閉じた私の瞼から、不覚にも涙がすうっとこぼれて枕布を濡らした。誰一人知人のいない東京の、しかもまだ記憶に残されている平沢画伯の帝銀毒殺事件があったという、この椎名町の、駅のすぐ近くにある救急病院で、思いもかけず手術をする事になった。

生まれてこのかた無傷の身体に、初めてメスを入れるのだという感覚は、小熊夫人の手の温かみに素直に応じて、私は声を出さずに、ポロポロと泣いていた。


きり揉《も》みをされた腹部の中全体が、熊手を使って引《ひ》っ掻《か》き回されているような痛みと、鼻から挿入されているゴム管の苦しさに加え、反対側の鼻腔《びこう》が鼻づまりを起こして、痰《たん》が絡み出し、発熱のために頭の中は朦朧《もうろう》としていた。三十時間ぐらいの間は、時間の経過をこんなにのろのろと感じるものかとそればかりを思っていた。

気がついたら病室は替っていて、二階の四人部屋から五階の六〇二号室へ移されていた（四階の部屋は「死」に繋《つな》がるから番号を避け、五〇〇台の番号とするので、五階は六〇〇号台となる）。真ん中がカーテンで仕切られ、二人部屋の隣のベッドには、骨折をした高校生の男の子がいた。

（いえねえ。お部屋に入るつもりじゃなかったんざんすよ。看護婦さんに経過を聞いてだけおこうと思って伺ったら、あなたが居たものだから）

（え、ええ、今お苦しみですけれどね、手術は成功で大きな石がごろごろ入ってたってことですよ。二、三日経つとお話しが出来ますからね）

（さいざんすか、でもまあ良かったこと。一人で心細いんじゃないかと思って……。じゃあお大事に……）

翼を広げた大きな鳥が頭上から襲いかかってくる。いやだいやだ。両手で払い除けようとすると、常時、点滴のため動かせない右手を、付き添いの家政婦さんに、ぎゅっと押え込まれて目が覚める。頭、首、背中から腿の付け根まで、脂汗でベトベトに濡れている。仰臥《ぎょうが》した腹部には軽い毛布が触れても痛い。離被架《りひか》が使用されている。手術前、転げ回る程だった背部の痛みは全くと云っていい程ない。

（私のことかしら、石がゴロゴロ入ってたって。あの声はたしか小熊夫人のようだったけど……）


　三十時間を過ぎると、私は付添婦さんの首に両手を絡みつけ、ベッドの上に起き上がる練習をさせられた。

「もっと、ぐったり私に全身を預けなさいな、恐がっていては駄目よ。傷が裂けたら又、先生に縫ってもらえばいいんだから。あなた、そんなことで北海道へ帰れるもんですか！ほら、起きなさいってば！」

　東京は深川の生まれで、五十八歳だという江戸っ子の付添婦は容赦をしない。手術の前日から、食事、水分を禁じられ、朝、昼、夜、点滴だけの身体は、少し頭をもち上げても、くらくらっと眩暈《めまい》がする。おまけに、傷の痛さときたら飛び切りで、全く鉄火箸を、ジュウッと当てられたみたいなのである。

「あなた、子供を何人産んでるのよ、お産の時の事考えたら、こんな傷問題じゃないわ。意気地なし……」

（だって、子供を産んだのは二十年前。若かったし、それにあの時は産まれてくる期待や悦びの方がずっと大きかったわよ！）。私は胸の中で、そっと彼女に毒づいていた。

　とうとう二日目の夕方には、両腕を支えられながら、どうやら廊下の隅にある便所まで辿り着き、手術後、小熊夫人が心配して様子を見に来てくれた事、手術は二時間程かかって、摘出した胆のうの中に卵黄大の石を含め一三〇個の黄色い石が破裂寸前の状態で詰まっていた事などを話してくれた。小熊夫人とは、患者と付添婦という間柄を超えてもう七年以上も交際をしていて、この病院内の数少ない小熊秀雄の理解者であるといったような口ぶりであった。又、彼女は反戦詩人の、金子光晴とその夫人（森三千代）の晩年の身の回りの世話をして、「金子先生は私のために詩を書いて下さった」と得意気に話していたが、詩の内容については、あまり覚えていないようであった。

一週間を過ぎると、執刀された副院長先生が驚く程、快方へ向かっていった。付添婦さんに嫌味を云われながら早く身体を動かした事が、傷の癒着を防ぎ、良因であったようである。ただ、内臓の機能を一つ失った肉体は、まだまだ気持ちだけは焦ってみても簡単に私の云う事を聞いてはくれなかった。やっと起き上がれるようになったベッドの上で、私は、北海道の誰彼へとなく手紙を書いた。便箋二、三枚を書くと、もう疲れの限界が来て臥せってしまう。朝は二本の点滴と二本の注射や回診があるので、午後の点滴が始まる前の数時間に、私はせっせと書いていた。

『病院からは、池袋のサンシャイン60が真ん前に見え、右手には新宿の京王プラザビル、三井、住友などの三角ビル、ノッポビル等が林立して灰色の空の下、民家がびっしり立て混んでいます。池袋から西武池袋線に乗り換えて一つ目の椎名町という駅名ですが、町の名は、長崎といって、庶民的な感じのする古い町で、ここに古くからある、救急病院で手術をしました。副院長先生は、東京医大の助教授をされた方で、内臓外科については定評があり、他の土地からも患者が訪れてくるそうです』などという内容のものだった。

小熊夫人の事を書いて送った小樽の末武さんからは、早速、「五月二十七日の北海道新聞、旅のライブラリー、旭川市、小熊秀雄」という貴重な切り抜きを送っていただいた。南生先生からも、すぐお手紙を戴いて、同人誌「山音文学」の出版の大変な事や、地方文芸誌の編集の事、そして最後に「憂きことの、なお、この上に積もれかし。と思って療養しなさい」と書いてあった。私はベッドの上で愉しくなった。「限りある身の力試さん」と続くはずである。私は、女学生だった頃の「修身」の時間を思い出したりしていた。

小熊夫人は、「わたくしは八十歳になったら、小熊の作品関係の整理のお仕事を辞めて、自分の人生を、楽しく生きていこうと思っているのよ。それまでに、歯を治さなくてはね。中野先生が『君の細君の歯は白くきれいなりしは美し』と仰って下さったんですものね」と、笑っていらっしゃったが、七十六歳という夫人の年令迄私が生きるとしたら、と考えると、気が遠くなるようであった。

まだ、二階の小熊夫人の病室迄、歩くことの出来ない私は、もうそろそろ夫人が来訪して下さるはずだという変な確信を持って待っていた。いや、思い上がっていたのかも知れなかった。

その頃、夫人は、ＮＨＫの教育テレビ企画担当者に頻繁に呼び出され、あの小さな細い身体で、忙しい思いをしていらっしゃったのである。「もう、頭が云うことを聞かなくて、なかなか思い出せないんですよぉ」と、額をポンと叩いて困惑した表情をする夫人と向い合って、敏腕と云われている若いディレクター氏は、取材のためだけの、矢継ぎ早な質問を浴びせかけていたのだろうか。「病室では話し難いので、いつも喫茶店で逢うんですよ」と、あとで夫人は話して下さったけれど、それは七月一日、ＮＨＫ教育テレビ午前十一時、日曜美術館『私と小熊秀雄』というタイトルで、詩人の関根弘氏が、「小熊秀雄の絵」を紹介する番組のためのものであった。

続・椎名町にて

胆のうの摘出手術後、九日目で抜糸をする事になった私は、その三日前から付添婦さんの介添えを断っていたから、身辺の雑用は自分で処理しなければならなかった。病院には電気洗濯機がなくて、屋上の洗濯場まで出て手洗いをするのである。

前屈みに片手で傷をいたわって歩く癖のついた私には、この屋上への階段を上る事と洗濯物を絞る事が苦痛であった。朝は、各階の付添婦達が総出で洗い場を占めてしまうので、私のような立場の患者は、皆が使用し終えた頃を見計らって、夕方遅い洗い物をする。

珍しく雲のない東京の空であった。夕陽が、この細長い道路を挟んで密集している商店街をうっすらと染め上げている。「主婦の店」と彩色された大きなアーチが見える。町の中程に、灰色の太い煙筒がにょっきりと突き上がり、真ん中に「松の湯」と赤く書かれていた。

カン、カン、カン、カンと踏切りの合図があって、すぐ目の前を電車が通り過ぎていくと、駅前の隙間なくびっしりと立て込んだ飲食街や、マーケット、スーパーの間を縫ってどっと人の群れが吐き出されてくる。

人々は、買物中の女達の溜まりと合流して、病院の前の威勢のいい叩き売りが始まる魚屋や、八百屋、雑貨屋、その隣の洗濯機のコインランドリーなどの通りを行く。納豆屋も、豆腐屋も、菓子屋も、店の奥に小さな製造場を持っていて、家業に近い商いをしていた。古くからの住人達なのだそうである。

「大丈夫なんですか、奥さん」

寝巻きを干している後ろから、明るい声がした。粋づくりな二階の病棟の付添婦さんであった。大きな目をしていた。色が黒く小柄なこの女《ひと》は、北海道の歌志内《うたしない》という炭鉱の町で少女時代を過ごしたとかで、時々、洗濯場で何となく挨拶代わりの会話をするようになっていた。六十がらみの、気さくなおばさんである。

「お陰様で、何とか」

笑顔を返しながら、私はふと思いついて聞いた。

「おばさん、二〇一号じゃなかったかしら」

「よく知っていること。そうよ、有名な十五人部屋」

「ゆ　う　め　い　?」

「ふふふふふ、無料で入院しているの。お年寄りばかりでね。姥棄《うばすて》だなんて陰口叩かれているよ。ボスが居てね、大ボス、小ボス。小ボスがこぼす?」

「いやですよ、おばさん」

「結構うまくいってんのよ。費用は掛からないし、年金はお小遣いでしょ。美濃部さんがそうしてあげたのよ。六十五歳以上の人達にね。でも、今度知事が替ったからどうなるんかしらねえ」

「……あのう、小熊さんの奥さまはどうしていらっしゃるかしら」

「ああ、あの人。どうって、相変わらずですよ。そういえばこの頃、よく電話が掛かってくるみたいね。奥さん、知り合いなの？」

「うん、ちょっと……。歩けるようになったし、お逢いしたいんだけど。何か、あの部屋へ入っていくのが恐くって。ジロジロ見るでしょう」

「何云ってんの。みんな退屈してるからサ。気にしないで入っておいで。いい人ばかりよ。小熊さんに話しておいてあげる。あんたが逢いたがっていたってね」

「抜糸が済んだら伺いますって、伝えておいてね」

「わかりましたよ。恋びとみたいだこと」

彼女は、可笑《おか》しそうに云うと階段を下りていった。

十五針も縫ったので、抜糸とはさぞや痛かろうと覚悟を決め、しっかり目を瞑《つむ》っていたら、知らない間に済んでいた。目の前に副院長先生の温顔があった。

「もう、終わったんですか、先生……」

「そう。痛かった？」

「ちっとも。あの、有難うございました」

顔に血が上がるのを覚えながら、私はわざと大きな息をした。

「すぐに北海道に帰れますよ。お大事に」

背の高い先生は、何事もなかったかのようにもう隣の病室の方へ足を運んでいた。

――○日、夕食が済んだら病院の前の喫茶店でお逢いしましょう――

助手さんと呼ばれている白衣を着けた若い娘が、病室の拭き掃除をしながら、忘れるところだったと云って小熊夫人の言葉を伝えてくれた。抜糸が終わった翌日であった。病院のすぐ前には喫茶店が何軒もあった。

私は、自分には外出許可が出ていないと思っていたから（病院内の規則はあまりやかましくないことをあとで知ったのだったが）、この事を伝えるために思い切って二〇一号室を訪れることにした。エレベーターを降りると病室の前の狭い廊下に細長い椅子があって、付添婦さん達が屯《たむ》ろして旨そうに煙草を吸っていた。

恐る恐る近づいて用向きを云うと、座ったままで、

「今、安静時間だけど、でも、入っていいよ」

と、案外気軽に応じてくれた。

壁ぎわには、男性の老人患者もいた。半数は、付添婦の介添えを必要とする寝たきりの老人達であった。

小熊夫人は、道路側の窓から二台目のベッドで横臥していた。私がそっと近づくと、すぐ目を開けて「アラ」というようにまばたきをして、大きな瞳を瞠《みは》った。枕を覆っていた白髪をもたげて身を起こし、ちょっと両掌で髪を押えると、

「大丈夫？　もう、痛まないの？」

と、心配そうに云った。

「すみません。お寝みのところお邪魔して」

「いいのよ、そんなこと。よく来て下さったわね。あなたに早く持っていってあげようと思いながら、本やスクラップを、これ、ここへ入れておいたまま」

夫人は、ベッドの下の狭い場所にいくつも重ねた菓子折りの空箱らしいものの中から一つを取り出すと、蓋を取ってベッドの上いっぱいに広げてみせた。

「これ、小熊ですよ」

夫人が、一番下から取り出した大判雑誌のグラビアに、和服を着流しにした長身の男が憂鬱そうなポーズでクローズアップされていた。ちぢれた長髪は右寄りに七三に分けられ、多い前髪がふわりとその秀でた額にふりこぼれている。鼻筋がすっきりと通っていて、薄い口許を神経質そうに結んでいた。橋の傍らの公園らしい景色を背にして両腕を組んだ風貌は、後に、「精神の貴族」と云わせた強靱《きょうじん》な意志と知性を窺《うかが》わせていた。

旭橋
橋に掲げられた大額には

誠　と　書かれてあった
この橋を渡るとき　市民は　脱帽した
私も　敬意を表した　しかし
橋や建築師に　私は脱帽したのではない
人間の　誠実　を　愛する　こころに
脱帽したのだ

「ああ、これは、石狩川ですね」

私は、どきどきする胸を抱えながら聞いた。

「そう、でしたかしらねえ。その橋に軍人勅諭が張りつけてあったの、小熊はねえ、そういう人なのよねえ」

夫人は遠い目をして呟いた。昭和十二年の事であるらしかった。本の中ほどに、新聞の切り抜きが挟まれていた。一九七八年九月二日、社会新報の文化欄で、旭川文協の谷口局長が書いていた。

「(前略) 小熊は弾圧下の時流の中で、沈黙を強いられその隠れ蓑の中で良心を守っているようなエセ・インテリを排撃した。苦しい自由のない時勢であればあるほど、彼は、不屈な抵抗を試みながら、鉄砲玉のごとく喋りまくれ式に優れた詩を書き綴った。長編叙事詩『飛ぶ橇』は、アイヌとシャモの情をテーマにした内容だが、サハリンで体験した雑労働の骨太なしたたかさとたくましい詩精神が、生き生きと伝わってくる。雪崩の情景描写も見事で、全編は、リズミカルでしかも迫力があり、小熊ならではの描写で読むものの心を打つ。（中略）小熊は、かなりの勉強家で、本を多読した。特に、ロシア文学の中で、プーシキン、ネクラーソフ、ゴーゴリ、マヤコフスキーらの本を多く読んだようだが、そのことは小熊の血肉となり、詩作、評論、エッセイに見られる彼独特の展開と論理は、今読んでもハッとするような新しさがあり、今日民主主義の危機感を思う時、小熊の暗黒の時勢を衝いた鋭い文章は、そのまま今の日本の状態に当てはまる。（後略）』

　私は、どうしても、この小柄な優しい夫人の後ろに、情熱の詩人小熊秀雄をだぶらせて見ることが出来なかった。

「これは、壺井さんの奥さんから戴いたお手紙なの。形見になってしまって」

　変色しかかった封筒の裏側には、流れるような字で壺井栄と記されてあった。それもこれも私には珍しく貴重で、興味に駆られるものばかりであった。私はふうっと溜息をついた。

「素敵な方なのですねえ。御主人って」

「当時としてはね。ダンディだったのですよ」

　夫人は眼鏡を外すと、枕許にあったハンカチでレンズを拭きながら口許で小さく笑った。前歯が可愛らしく欠けて見えた。

「この御本はね、旭川の佐藤さんがお送り下さったのですけれど、わたくしはね、お礼のお手紙もお出ししていないの。気掛かりでねえ。ほれ、こんなにあちらこちらからお手紙やお葉書、戴くんですけれど、本当に嬉しくっているんですのにもう随分前からお返事を書くのをやめてしまったのよ。手は震えるし、目もかすんで、それに、人さまにも色々とお逢いしなければならない用事が増えてきてねえ。きっと皆さまは呆《あき》れていらっしゃるでしょう。そしてだんだんお手紙が来なくなるわけねえ」

「代筆なさる方か、どなたか……」

　と云い澱む私に、

「わたくしがどうして病院の大部屋にいると思います？　お金が掛からないからなの。無料なのよ。お小遣いまでいただいて、これ以上他人さまのお世話になれないわ。それにねあなた（夫人は声をひそめた）、このお部屋わりと居心地が良くってよ。わたくし、夫も子供も亡くしてひとりぼっちでしょう。だから、皆さまと御一緒だと淋しくないの。人間社会のドラマを毎日肌で感じたりして……。

こうやって小熊の作品を世の中に出そうと努めて下さる人達の善意の渦の中に生きていけるのですもの、ね。これ以上のことは望んではいけないと思ってる。ただねえ、お礼のお葉書ぐらいは自分で書かなくっちゃと思っているんですけれどねえ。なかなか……。御寄贈いただいた御本もたくさんあってね。ええ、千早町のアパートに置いてあるの」

夫人は楽しそうに話していたが、ふと、

「あなた、傷は大丈夫？」

と、語調を変えた。隣のベッドの老女が目を覚ましたため、椅子をずらした私に、夫人は気遣わしげであった。

「はい、大丈夫。奥さまこそお疲れでしょう、いつまでもお邪魔してしまって」

私は、佐藤喜一著『評伝　小熊秀雄』という旭川の地図が裏表紙に装丁されている本を開きながら、胸に突き上げてくる不思議な感情に支配されていた。

「黒珊瑚の小熊」、「小熊秀雄　今野大力の接点」、「半世界　死の二重構造」、「自由ケ丘パルテノンと小熊秀雄」、「同人誌　円筒帽」、「小説『裸婦』のモデル」、「大観　ユトリロ観」、「小熊秀雄と馬」……本の目次がビュンビュンと、私の恍惚《こうこつ》とした目の前で躍っていた。夫人は眼鏡の奥からそれとなく見ていたのかも知れない。

「この御本ね、二冊ありますから。一冊ね、あなたに差し上げましょう」

云いながら夫人が取り出したのは、『日本詩人全集　25　中野重治　小熊秀雄　壺井繁治　編』であった。

白表紙の真ん中下に濃い水色の絵が入っていた。原っぱに一軒の家がある。頭巾らしい被りものをした人がその家へ向かっているシルエットがある。立木らしい線がスケッチされた、きびしい風景である。雪の日の夕景でもあろうか。甘えを許さないものがあった。口絵の中の小熊秀雄は、巾広のネクタイを背広の衿からはみ出させ、公園の花の中のベンチで脚を組んでいた。眉の濃い鼻梁の高い秀貌である。

「嬉しいわ。でも戴くわけにはいきません。奥さま、頒けて下さいね。あとでお金持ってきます」

「そんなつまらない心配してはだめ。それなら、わたくし差し上げませんよ。あなたとお知り合いになれたのも何かの御縁でしょう、それでいいじゃあありませんか」

夫人は、ベッドの上の本を片づけながら優しく云った。

小一時間も経っていただろうか。病室への人の出入りが激しくなっていた。傷口がキリキリと痛くなってきて、頭がぼんやりしてきた。私は、立ち上がろうとして不意に襲ってきためまいに耐えた。その時ふと、私は夫人に我儘《わがまま》を云ってみたくなった。

「奥さま、御本に、何か書いていただけません？」

「何を書くの。わたくし、書くのが一番苦手だってお話ししたでしょう」

「え、でも、お名前だけでも……。だって奥さまにお逢い出来た事、私にとって大変な事件なんですもの」

夫人は、突然、コロコロと笑い出すと、

「可笑しいわ、事件だなんて。本当に困ったな、困った人よ、あなたって……」

「すみません」

「何て書くの」

夫人は、万年筆のキャップを外しながら云った。

「お名前だけでも」

私は、小さな声で云った。

夫人は、一寸、眼鏡をかけ直してから万年筆をとると、私の名前を、その横左下に小熊つね子と御自分の名前を書かれた。まろやかな字だった。

その夜私は、六時の検温の時間がきても、頭の中が混濁していて起きられないでいた。案の定発熱をしていて、体温は三十八度八分を示していた。点滴と注射が倍加され、私は隣室の付添婦さんから叱られる羽目になった。

「病人であることを忘れて遊び歩いているからですよ」

「周りの人の迷惑という事も考えてもらわなくっちゃあね」

私は、何と云われても意に介さなかった。熱でガタガタと震えてくる腕を持ち上げて、ベッドライトの陰で、小熊夫人からプレゼントされた詩集の表紙を開いて、そこに書かれた夫人の筆跡を確認すると、また、うとうとと浅い眠りに入っていった。

翌朝目を覚ますと、いつのまにか隣の付添婦さんが洗濯をしてくれたらしく、見覚えのある紫色の葉模様のある私の寝巻きがベランダに干され、初夏の風にはためいていた。

カーテンを隔てた隣のベッドの高校生は、この病院の内科医長の息子で、アルバイト中に骨折をしたとかいうことで右脚にギプスをつけていた。大の音楽好きで、しかも、クラシック音楽以外には耳を貸さない程の傾倒ぶりであるから、少々音楽関係の仕事などをしている私などの持ち合わせの知識などで太刀打ち出来るはずがなかった。彼は、勉強に倦きると、時々、仕切りのカーテン越しに古典音楽論を吹っ掛けてきて、その度に、私はいとも簡単にやり込められていた。自分自身もピアノ演奏をするという彼によると、「ショパンとモーツァルトが好き」で、演奏家の中では、「イタリーのマウリツィオ・ポリーニが第一人者、エッシェンバッハは、指揮はいいが演奏は好まない」そうで、「ケンプは楽聖さ、リヒテルはまあまあ」だと云ってのける。いずれも、ピアノ演奏の大家である。

「僕、大学一発合格したら（東大か？　一橋大か？）北海道へ遊びに行くよ」

「その時は、あなたの演奏するショパンが聴ける？」

「いいよ、まあね。ノクターン（夜想曲）なら」

その時から、私は彼を「ノクターンの君」と呼んでは時々からかうことがあった。その彼の父親のS内科医長が、小熊夫人の主治医であることを知ってから夫人は、私の部屋を訪れてこられる事に大変気を遣う様子であった。夫人と私は三日置きくらいにお互いの病室を行ったり来たりしていた。


そろそろ戸外歩行の練習をするように云われていた私は、四時の開湯を待ちかねて屋上から見えた煙突のある「松の湯」という銭湯へ行ったり、本屋へ立ち寄ったり、又、朝は、食事前の検温を済ますと長崎神社へ歩を運ぶ事を日課とするようになった。長崎神社は病院の前の道路を隔てて二百メートルばかり向こうの、緑の森の中にあった。

周りには躑躅《つつじ》の花が咲き誇り、広い境内では、樹齢を重ねた大木の欅《けやき》や椎の木が、むんむんとする濃緑の影を地上に這《は》わせている。方形の病室を出て、傷を労わりながらそろそろと歩いてきてこの神社に辿り着くと、何とも云えぬ解放感を覚えるのであった。私は、毎朝、ノートと鉛筆を持って人の少ない隅のベンチに一時間近く腰を降ろしていた。

身体が回復してくると病院の朝食粥《がゆ》では物足りなく、先輩に倣って散歩の帰りにおにぎりやパンを買ってくる事を覚えた。米屋が本業のおにぎり屋は、六時半にはもう紅い暖簾《のれん》を出し、十種類くらいの温かいおにぎりや、稲荷《いなり》ずしなどを並べて、セルフサービスで売っている。学生や、共働き家庭の多いこの椎名町では、毎朝大変繁盛していた。私は、ふと気がついて、梅、鮭、紫蘇《しそ》の葉などが入ったおにぎりを数個、土産用に包んでもらった。まだ身体の芯が回復し切らず、ひどく疲れるので途中で休み休みしながら病院に戻り、二階の小熊夫人の部屋へ寄った。夫人は、丁度一階の洗面所から帰ってきたばかりだと云った。

「お気持ちはとても嬉しいんですけど、わたくし、胃腸の病気でしょう。特食（ゆるいお粥）なのよ。だから何も食べられないの」

もし、御迷惑でなかったら同室の方へ差し上げて下さいと云うと、「そうね、それがいいわね」と頷き、何度もありがとうと云って受け取った。

私は、気の利かない自分自身に腹を立てながら、ノクターンの君と自分の分を抱えてゆっくり階段を上った。歩行練習のため、エレベーターはなるべく使用しないように云われていた。相変らず、午前と午後に二本の点滴と注射が続けられていたが、そろそろ退院の日が定まるはずであった。三十日近くお世話になった病院であったから、快癒の悦びとは別に、あの事もこの事も懐かしく、すべてが良い事ずくめに思えるのであった。

「あなたが帰ったら、淋しくなるわ」を連発しながら、小熊夫人は結構忙しそうにテレビ局や出版社の人達との打ち合わせなどに、その小さな身体をこまめに動かしていた。

夕食後、六階の部屋へ訪ねてきた夫人は、本を二冊抱えていた。夫人の気持ちを思って、私はすぐ廊下へ出てソファに並んで掛けた。薄暗く狭い廊下は、だが、涼風が吹き抜けていて、受験勉強中のノクターンの君に気兼ねしながら病室で話すよりは、はるかに自由があると私は思ったからである。

「いい？　あなた知里幸恵さんのことを知りたがっていらっしゃったでしょう。だから、この本お貸ししましょうよ。でも、必ず返して下さらないと駄目よ」

（あ、覚えていて下さったのね。手術の前日、私が、知里幸恵さんの事をお聞きしたがっていたことを……）

夫人の渡してくれた本は、藤本英夫著『銀のしずく降る降るまわりに』と、知里幸恵編訳『アイヌ神謡集』の岩波文庫本であった。

——その昔、この広い北海道は、私たちの先祖の自由の天地でありました——の序に始まる幸恵さんの神謡集は、かけ替えのないアイヌ文学の物語り集である。

金田一京助先生のあとがきによると、大正十一年九月、幸恵は二十歳の若さで東京で没している。このあと、むさぼるようにアイヌ文学に関する本を読み漁ることになった私にとって、この時の小熊夫人との出逢いがなかったなら、この美しい詩を素通りしてしまっていたかも知れない。必ずお返しすることを約束し、私達はまた小熊秀雄の話に戻った。

「小熊にね、殴られたことが度々ありました。理由？　さあ、何でしょうねえ。殴るという題名のそんな作品のあるのを御存知？」

「息子はね、焔《ほのお》と云ったの。東京の中学校に勤めた事もあったけれど弱かったのよ。父の病が感染して二十歳であの世へ……、結核でした」

「もうすぐ創樹社から小熊の全集が出ますよ。出版の度に何か書くように云われたって、わたくし困ってしまうだけなのよ」

夫人は心底困ったように額に手を当てた。

「彼に好きなひとが出来て、その女が一緒の家に棲んだりして……でも、もういいのよ。人間のすることですものね」

私は、ベッドの上で読んだ本の中の短歌を思い出そうとしていた。

　争いて頬をうちしが争いて髪を切りしが妻は妻なり
　子の愛を感ぜずと強く言い切りてそれは嘘なり弱きダダイスト

ちっぽけな墓を立ててやらんと思へり子の死ねば夫婦別れの約束をする

「私、ぜひ、全集を読ませていただきます。札幌のK書店へでも行って買ってきます」

「ありがとう。少しお値段が張るけど、買って下さる？　お読みになったらわかると思うわ、小熊というひとが……。私の中ではねえ、今は彼のあの激しさだけが、いつまでも鮮明なのよ」

激しさ、とは何だろう。夫人はとても大事なことを打ち明けるかのように耳許で云った。

「彼はねえ、生きる事と死ぬ事とは同じだって、いつも云っていました」

私は、何か大変なことを聞いたような気がして、手帖を開いて書き留めた。——生きる事、と、死ぬ事、とは同じことだ、とは——。

思わず声高になって話し込んでいた私達は、病室の耳ざとい患者や付添婦さんに聞こえてしまうことすら忘れていたが、夫人は、はっ、と気がついたように、「S先生は息子さんの病室へ毎日いらっしゃるでしょうね。先生に知れて、患者が勉強の邪魔をしに行っている、と叱られたら困りますからねえ」と、悪戯《いたずら》っ子のように肩をすくめた。

「あなたとも、もうすぐお別れね」

夫人は呟《つぶや》くように云うと、病室の方を気にしながら腰を上げた。固辞する夫人を、私はそうっと二階まで送っていった。消灯時間が過ぎていた。

入院から三十日目、とうとう退院の日がやってきた。

私は前夜、夕食を終えるとエレベーターに乗った。各階にロビーのない病院の中は蒸し暑く、患者達はよくテレビのある一階待合室に降りて来た。

玄関を入ってすぐ右手に、ジュースの自動販売機と赤電話があった。背中を見せて小熊夫人が受話器を持っていた。私は身体を反らすと、ピリピリと痛い傷口を押えながらソファに腰を掛けた。しばらくして誰かが肩に手を掛けた。

「あなた、とうとう明日退院ですってね」

小熊夫人であった。お別れに、と思って、カステラ折とメロンを抱えて二〇一号室を訪れた時、夫人はNHKの方が見えて出掛けられたという事であったから、もしかしたらもうお逢い出来ないと思っていた。夫人は、私の身体を押しつけるようにして横に座ると、両掌でしっかりと私の手を摑んだ。その掌の温もりは、あの手術室へ連行された日の心細さを私にはっきり思い出させた。夫人は何も云わず、その眼鏡の奥の大きな瞳でじっと私を見つめた。私は、皺だらけの顔の中のその瞳の奥に、詩人小熊秀雄の影と、夭折した一粒種の焔君の火花を見るような気がした。少し恐ろしげな精霊のようだと初めに思ったあの時の白髪は、今私の目の前で白銀のように美しく輝いて見えた。

「退院、おめでとう。よござんしたねえ」

夫人は静かに笑っている。

「カステラとメロン、どうもありがとう。大好物なのよ」

と、明るく語調を変えて云った。

「あなたがお部屋へ戻られる頃、わたくし、お伺いしましょう。もう本当にお別れなんですもの」

「七時か、七時半。八時には必ず戻ります」

私は、母親に約束させられた子供の頃のように、ムキになって云った。

七時半を少し過ぎてから病室へ戻ると、ノクターンの君と隣室の付添婦さんが、

「お別れの会をしよう、と待っていたのに」

と云って、お菓子や果物を小さなお盆に載せ、紅茶を添えて待っていてくれた。紅茶が冷えたといってプリプリしているノクターンの君の全快と大学合格を願い、付添婦さんの親切に感謝しながら、私は乾杯の冷えた紅茶を口にした。他人の心の温かさを素直に感じていた。口の中で、紅茶はまろやかな味がした。

八時を少し回った時、スリッパを引きずるようにしながら、白髪の小熊夫人が小柄な身体をみせた。夫人は、まっすぐにノクターンの君のベッドへ行った。

「お父様にお世話になっているんざんすよ。坊ちゃんは骨折されたとかで、大変ざんすねえ。早く良くなられますように、頑張って下さいませね」

というようなことを話しながら、夫人は菓子折りを差し出した。彼は、どう云ったものか、と困り果てている様子であった。夫人は、「戴きものだけれど、これは、あなたに」と云って、緑いろの一口羊羹《ようかん》を一袋、むき出しのまま私の枕許へ置いた。私は有難く頂戴して、北海道まで持って帰ることにした。

「北海道へ、もう一度いらっしゃって下さいね」

「さあ、わたくしはねえ、この身体ですから……。あなたの方こそ、来年の小熊の四十年祭に、東京へ出てきていただけるといいのにねえ」

「……お借りさせていただいている御本、長くしないで必ずお返しいたします。私、なるべく早い機会に……」

「……わたくし、いつまで生きていられるのかしらねえ」

「……」

「兎に角、御養生なさいませよ。三年間は傷が痛むという事ですから」

「ありがとうございます。奥さまにお逢い出来て、私本当に良かった……」

夫人の顔が、かすんで見えなくなった。

「わたくしもよ」

夫人は私の手を取った。骨ばってざらざらしていた。私達は、そうしていつまでも手を握り合っていた。

「さよなら」とはどちらも云わなかった。

いや、云えなかった。

第二章

小熊つね子抄　composition

牛朱別川

「つね子ぉ、雪だぞぉ、雪みつけたぞぉっ」

ぞぉっという語尾が薄暗い林の道を縫い、ほうい、ほういというリフレインに聞こえる。

あ、兄ちゃんだ、つね子は声のする方へ向かって一目散に駆け出した。足許の朽ちた熊《くま》笹《ざさ》の葉音がざわざわと追いかけてくる。薄い茶褐色の葉の緑が枯れて白変してしまうこの北方的野生植物は強靱な茎を持っている。子熊が驚く事もあるという茎のしなやかな撓《たわ》みは冬の重圧を見事に撥《は》ねのける。小豆粒程の芽を覗かせていた。

なぜ？　ふっと歩を弛《ゆる》める。斜めに掛けたズックの鞄《かばん》が華奢《きゃしゃ》な肩からずり落ちそうになった。立ち上がって何度も揺り上げる。どうして？　とまた思う。

旭川師団の厩舎《きゅうしゃ》で働いているはずの兄ちゃんが迎えに来るなんて、やはりおかしいのである。二十二歳になった兄の泰輔《たいすけ》は、近文にある旭川第七師団で働いていた。軍馬の世話係として農閑期は寝泊まりをしているのだ。

やっと眠りから醒《さ》めたようなヤチダモ。シナの木が皺だらけの灰色の枝を天へ天へと差し伸べている。イチイの樹は、毛糸針程の葉を絡ませ弱々しい光を独り占めしようと必死だった。多勢を恃《たの》んだシラカンバはというと、思い思いに身をくねらせながら遅過ぎる春へエールを送っている。

ジュチチチ、ジュチチリリ。不意に黒い飛礫《つぶて》が頭上を掠《かす》めた。小さなノビタキだった。後ろの樹の枝から、ピスィ、ビテュウ、ピッシィ、と追いかけてくる声は、ハシブトガラだろうか、トラツグミだろうか。

「兄ちゃあん、どこぞいるぅ」

口に当てた両手を開いて思いっ切り叫んだ。枝々を渡る冷たい風がさわさわと鳴っててつね子の声を掠《さら》っていく。静寂が襲った。林の奥はあまり深くはない。前方に仄《ほの》明るい出口が見えていた。出口の向こうは原野だ。雪が解け始めると枯草の間から、イグサやスゲ、カモガヤなどが顔を出し始める。それにブタクサやアカゲに混じって、蕗《ふき》の薹《とう》がとびとび萌《も》え出してくるのだ。青紫の花をつけるエゾエンゴサクや可憐《かれん》なエンレイ草などが原野を覆ってしまうのももうすぐである。原っぱをどこまでも行くと川の流れに突き当たる。石狩川の支流、牛朱別《うしゅべつ》川だった。

川の附近には小さなアイヌの集落があり、大小のチセ（アイヌ語で家）が散在する。建てあげの低い草小屋の周囲には山羊が繋がれている。鶏も遊んでいた。遠くに低い山並みが続き、チセから少し離れた場所に建てられたばかりらしい粗末な板囲いの家が三軒肩を寄せ合っている。住人は二ヶ月程前、山口県からここ北海道上川郡東旭川村十五番地に移住してきた、つね子達一家を中心とする小集団だった。

木の根が怒った蛸《たこ》の足のように膨れて盛り上がっていた。痛い！　跨《また》ごうとして思い切り向こう脛《ずね》を打った。

「兄ちゃあん」

涙を含んだつね子の声が細くなる。バサッと大きな音がした。あれえ、もしかして、シマフクロウ？　先生が一時間目に話して下さった大きな鳥？　アイヌの人達が守り神として畏れているというシマフクロウが羽ばたいたのだろうか。だとしたら……。

「うおーうっ」

突然、後ろから林を揺るがすような唸り声がした。熊だ！　ヒグマが出た！　と思った。

その時、シラカンバの樹の陰から泰輔が笑いながら現れた。肩章のない軍服を着ている。

つね子は大声で泣き出した。泰輔は悪戯が過ぎたと思ったのか、くるりと背を向けると、さあ、と腰を落とした。泣きながらしがみついてくる妹を軽々と背負うと、彼は熊笹の枯葉を分けて進んだ。泰輔の肩にしっかりと両手を掛けながら、つね子はいつまでも泣きじゃくっている。詰め衿の硬いカラーの辺りに秣《まぐさ》の匂いがした。腐葉土の隙間から鮮やかな緑が見える。よもぎの若芽かも知れない。

あらァ、思わず声を上げた。一間程先のミズナラの根元にひと抱えもある雪が輝いていたのだ。慌てて身を乗り出した。雪だ、雪だった。たくさんの真っ白な雪……。

「びっくりしたろ」

兄が首を回して云った。

「こんなん、見たの、初めてだもん」

飛び上がって泰輔の肩をばたばたと叩く。エゾ松やカラ松がひゅるるうと枝を鳴らした。あちらこちらの笹藪《ささやぶ》の陰にも同じくらいの雪の塊が隠れていた。つね子は絣《かすり》の着物の袖で涙を拭きながら兄の背から飛び下りた。恐かった。そうっと近寄ってみた。冷たいだろうな、鞄を放り出してしゃがんだ。大きな黒い目を瞠りながら雪の上に膝をついた。右手で端っこの雪に触れてみる。なんだ、あまり冷たくないじゃない、今度は両手を突っ込んだ。さくっというように雪の塊が崩れた。掌の上に載せてお握りを作る時のようにぎゅうっと押し込んで丸めた。雪の中へ落とす。つね子はだんだん大胆になる。両の手で支え切れない程の大きさになった。つね子は雪玉を抱えた両手を兄の前に差し出した。涙の筋が残った顔でにっと兄を仰ぐ。泰輔の目が、わかったよ、と云っている。

兄の後ろについて雑木林の道を歩いた。林を出ると首すじを撫《な》でていく風が冷んやりとした。やはり北国の風だと思う。瀬戸内海に面したつね子の故郷では、今頃紫雲英《れんげそう》が、野面いっぱいに咲いていて優しい風がそよいでいる頃だ。どうしてこんな寒い、遠い遠い北海道なぞへ来てしまったのだろう、村の誰彼が、アイヌと熊の住む蝦夷地《えぞち》への都落ちじゃけん、と陰口を叩いていたのを知っている。

渡道が決まったのは明治四十三年の早春だった。つね子は母と二人で山間の墓地の新しい卒塔婆の前にいた。暮れの十三日、病床にいた姉のツチヨが息を引き取った。呼吸器の悪い彼女は、ヒュウと細い息を最後に十六歳の命の昇天をしたのだ。線香を焚き両手を合わせた。母の両手が顔を覆った。肩が波打ち嗚咽《おえつ》が洩《も》れる。泣きながら何か云っているのだ。

「ツチヨ、堪忍な。とうとう皆で愛宕《あたご》村を出ていくことになったっと。北海道いう寒い土地へなあ」

カラスに交じって鳶《とび》が輪をかきながら、新仏の供物を狙っている。卒塔婆に並んで、楕《だ》円形《えんけい》の石が二つ並んでいた。幼少期に早逝した兄亮一と直の墓である。二人ともつね子が生まれる以前に死んでいる。つね子は明治三十六年十月三日、ここ山口県玖珂郡愛宕村

（現・岩国市）に六人兄弟の末子として生まれた。

三人の墓に別れてすぐ、両親と兄泰輔と姉トメ、それにつね子の五人は、春爛漫《はるらんまん》の故郷をあとにした。

一家が愛宕村を発った前年の明治四十二年、大海を隔てた黒竜江省で不祥事件が勃発した。噂《うわさ》は日本本土の南郷、愛宕村をも震撼《しんかん》とさせる。日本国元首相の伊藤博文がハルピン駅で凶漢に襲われ暗殺されたのだという。伊藤博文は、韓国初代統監だった。ピストルを撃ったのは、韓国独立運動の士、安重根《アンジュングン》。彼は誠実なクリスチャンで私財を投じて独立運動を起こし日本軍と戦った。同年、日韓併合が強行されたその頃から国家機密と称して、軍や政府に都合の悪い報道は遮断されてしまう。神国ニッポンの国民は、負けても戦勝と信ずることを無理強いされたのである。当然、水面下で流言飛語が交わされ疑心暗鬼が渦を巻く。景気は低迷し、職を求めて満州へ渡る人も出てくる。社会主義者や無政府主義者への弾圧が激しくなり、同明治四十三年、幸徳秋水らの「大逆事件」が起き、秋水や宮下太吉達十二名が処刑される等々、権力者は、国威の昂揚の名のもと反動分子の一掃を図った。つね子たち一家が渡道した明治四十三年は、明治の御代も終焉《しゅうえん》に近く、国中が大きな揺さ振りをかけられた年でもあった。

つね子の父富三郎は山師気をもつ偉丈夫である。彼は知り合いに勧められ、朝鮮に炭鉱《ヤマ》を買った。が、日韓併合の動きを察知するやいち早くこれを処分し、旭川近郊に二十町歩の土地を確保する。旭川には山口県人がぼつぼつ入植し、明治二十三年以来、国も開発に力を入れ始めていた。相変わらず機を見るに敏で、頭も切れ腕も弁も立つ男が陥り易い誇大妄想癖、その上、大層な自信家だった彼が一度山口での仕事に齟齬《そご》を来すと、地元愛宕村一円での事業は悉く《ことごと》失策が続いた。またたく間に借金は嵩《かさ》んでいく。富三郎は裕福な妻の実家に再三援助を求め危急を救われたのだが、艶福家の彼が身内の顔を潰し、妻のキチを虚仮《こけ》にするような失態を仕出かしてからは、全く疎遠にされてしまう。四面楚歌《しめんそか》の中で次女のツチヨを亡くし悲嘆に暮れているキチを見て、さすがの富三郎もこの辺りで心機一転、性根を改めようと思ったらしい。キチに抱かれてじっと自分を凝視するつね子の黒く吸い込まれそうに深い無心な目。その輝きに、彼は自分の後ろめたさが悉く見透かされるような怪しい恐ろしさを覚えた。

負債の整理の見通しが出来ると、渡道の費用は新たな借金で工面した。一家を畳んで旭川へ移住する決意をすると、富三郎の動きは早かった。先ず事業に失敗して逼塞《ひっそく》している知人、借金で身動きの取れない友人、それに朝鮮併合成金、働き口を失った村人達を同行しようと計画を練る。幸い旭川郊外に買った手付かずの土地に、原野だが一大ユートピアを形成する事だって夢ではないぞと、例の誇大妄想癖が頭を抬《もた》げ始める。郷里には人の嫌う種類の仕事を生業として生きてきた貧しい人達がいる。疎外され蔑視され彼らの人権は全く無視されていたのだが、富三郎だけは例外だった。彼はこの人達と忌憚《きたん》ない交わりを続けてきた。相当に危い橋も渡って働いてきた彼らには、人種的な違和感などない。彼らの方も富三郎の気性を素直に受け入れたようで、親方として頼りに思う者も出てくる。富三郎は益々侠気《きょうき》に拍車をかける。親身な世話をしていた様子だ。

旭川は屯田兵によって拓かれているが、そこには先住民族のアイヌが居り、コタンを形成して暮している。アイヌに教わり、共存し、彼の地に山口県人の村を作ることはどうか。明治三十一年には鉄道も開通し、道路の整備や架橋もどんどん施行されている。何よりも帝国軍隊の第七師団が設置された街は賑《にぎ》わい発展しようとしている。広大な土地が待っているぞ、都落ちとそしられようが同じ日本の中、南から北へ移動するだけのことではないか。

富三郎の話には具体性があり説得力がある。二十人に近い玖珂郡界隈の同調者が小集団を作り、水耕の馬の姿がチラホラする故郷をあとにし、瀬戸内海を渡り、陸路を北上し、ついに津軽海峡を渡る一ヶ月近くの長旅を経て来たのである。富三郎五十七歳、キチ五十歳、老いの坂を登攀《とうはん》しながらの選択だった。

「崎本富三郎」。白樺の幹を粗削りしただけの素肌の表札に、その家構えには似つかわしくない見事な楷書の五文字が認められている。富三郎は器用で書もよくした。

つね子は泰輔の先に立って、建て付けの鈍い入口の板戸に手を掛けた。あ、土間に下り立ったばかりらしい母が、庭草履《にわぞうり》を引っ掛けながら開けようとしていた。ばったり鉢合わせをする。

「や、つうちゃんかなも、お帰んさい」

母はつね子の後ろに泰輔を探そうとしている。

「兄ちゃん、一緒かなも」

「うん」

と云って振り返った。泰輔はいない。母は紺木綿の袷《あわせ》の裾を端折って帯に挟み、手拭いを姐《あね》さん被りにしていた。風呂の焚《た》き口に居たのか下顎に煤《すす》を付けている。手拭いには富山の薬屋のケロリンという赤い文字が見えた。耳許から油気のない白髪がはみ出して散っている。額を覆った手拭いをぐいと掌で上げた時、半白の前髪がバサリと垂れた。二ヶ月が経っただけなのにすっかり田舎の内儀風が身についていた。醜く疲れ切っている母、つね子は心のどこかでそんな母を疎ましく思うのだ。母を無感動な人間にしてしまった蝦夷地に噛《か》みつきたいくらい腹が立つ。母は傍若無人な父の言動を許しているのだろうか。その云うがまま黙々と働き、笑顔も、残された僅かな若さも急速に喪っていく母。つね子を無限の許しで包んでくれる優しい母だったが、その優しさすら少女の鋭い感性には屈折した愛のかたちと映じてしまうのだ。

泰輔がのそりと入ってきた。

「た、泰輔、当麻の小母《おば》さんが帰られるっと」

母が慌てて云った。脱いだ雪駄を揃えながら、うんと頷いて、泰輔はそのまま上がり框《かまち》から続く階段を上がっていく。母は仕方がないという様子でつね子の肩へ手を掛けた。

「寒かったとね、お客さまにご挨拶出来るっと、つうちゃんは、おりこうだなも」

母は両腕を回し、つね子を抱き締め、オカッパの髪の中へ煤のついた顎をうずめた。いやっ、つね子は頭を振りながら心の中で叫んでいた。母の腕が細いつね子の体を締めつける。身動きが取れない。やだよう、母さんの優しさなんて嘘っ八だ、つね子の頭の後ろの方で小悪魔がそそのかす。嘘だ、ウソだ……。つね子は目を閉じて身を固くした。母はつね子の頭をぐいぐいと押してくる。首すじに冷たい雫《しずく》が落ちた。母の頬から伝わってくる雫は、生温い哀しみになって、気負い立った少女の髪の中から、胸から、手から次第に胸の奥へ滲《にじ》み通っていく。つね子の心が萎えてきて、母の哀しみの中へずるずると引き込まれていった。

立ったまま障子を開けた。居間の窓側に炉が切ってある。天井から吊《つ》るした手鉤《てかぎ》に鮭《さけ》の細工が見え、炭火の上に鉄瓶が掛けてある。漆塗りのような黒光りの艶を放っていた。炉の向こう側に和服の客がいた。

「ただいま」

つね子は鞄を置いて座った。富三郎が目を上げて、お、と云うようにつね子を見たが、すぐ下を向いた。彼は縦縞のセルの長着の膝をきちっと揃え、長キセルの先に刻み煙草を詰めている。

「つねちゃんかい、お帰りいな」

和服の客に先を越された。母よりは二つ三つ若いらしい寺原の小母さんは救われたようにつね子を見た。父と寺原の小母との間には気まずい空気が流れていたようだ。間を外した時の様子がつね子にさえ感じ取れる。

「こんにちは」

やっと手を突いて挨拶をした。

「ま、かしこい子、つねちゃん、学校は馴れたの、友達は出来たかい」

「はい」

「こんど当麻へ遊びに来なっせ、ツチも喜ぶべいの」

小母は云いながら座布団を滑らせる。帰るつもりらしい。

「ツチさんは、なんぼになんなすった？」

富三郎が煙を吐きながら吻《ほ》っとした口調で聞いた。

「明治二十五年だなも、こっちの泰輔さんが四つ上になるはず」

「嫁の話、仰山、ござらっしょ」

「なんのー」

小母はジロリと富三郎を見て口を噤《つぐ》んだ。彼女はよっこらしょと畳に手を突いて立ち上がった。窓越しに、畝を切るばかりに掘り起こされた畑に目を遣っていたが、「キチさん、よくやりなさる……」と呟いた。夜が明けきらぬ内に起き出した母が、鋤《すき》や鍬《くわ》を危なげに使いながら耕した畑である。小柄で病弱なキチのどこにどのような力が潜んでいたのか。山口では裕福な家の嬢ちゃまで育ち、箸より重いものは持たせたことがない、というのがつね子の母方の祖母に当たる人の云い草だった。

富三郎は、入植した仲間との連絡や農家の談合、打合わせなどと口実を作り、家に落着いて居ることがない。が、表向きの理由の陰で幾許かの手持の金を廻し、彼一流の才覚で投機やら、アイヌを相手の小金貸しなどをしているらしい。旭川にユートピアをと夢想した計画には手も染めずに、富三郎は再び雑穀相場で失態をする。東旭川の土地が担保に入り、手放さなければ保証人の当麻の寺原家にまで迷惑が及ぶという。母からの報せで驚いた泰輔は、急遽《きゅうきょ》休みを取り帰宅した。彼は父と一戦を交えなければと思っていた。

泰輔は二十二歳になる。彼は青年らしい潔癖さで以前から父の生き方に義憤を感じていたのだ。この家の財布を独り占めしている父が何故、母に着物の一枚も、いや髪油の一瓶も買ってやらないのか。両手に血マメを作り、激しい開墾や農作業に心身を擦り減らし、身繕いする暇もなく働く母を父はどう思っているのだろう。母に限らず家族に対する富三郎の吝嗇《けち》っぷりは目に余るものがある。富三郎は着流しの膝に五つ珠のごつい木製の算盤《そろばん》を載せ、整った、だがいつも気難しい横顔を見せていた。金がないが口癖だった。

或る朝、庭下駄が磨り減って使えなくなったので、台だけでいいから買いたい、と母が云った。鼻緒は、自分の帯の端布で作ると云う。何がしかの金が入用だったのだ。母は自由に使える現金を持たなかった。

「そげん余計な金あると思っとるかの、自分で工面してみたらどや」

父は一蹴した。近隣の女房達がするように鶏の雛を買い、育てて採卵をし、街へ売りに行って換金する、それくらいの才覚が出来ないのか、と言外に責めている。農作業の合間にそんな手間暇があると思っているのだろうか。よしんば時間が取れたとしても、母の性格では出来ないことである。たとえチビた下駄を藁草履《わらぞうり》に履き替え裸足になったとしても。

泰輔は母の口惜しさが自分の事以上に辛い。何とか云って父に一矢を報いたいと思う。だが、父の前に座ると得体の知れない壁を感じてしまうのだ。泰輔は女を知らない。ことその道にかけては千軍万馬、際どい商いの駆け引きにしても一騎当千の、平気で泥を被ることが出来、地を這い強かに立ち上がって突き進む図太さ、泰輔は父の中に抗し難い力を嗅ぎ取る。醜である。自分とは異質の処世の手管。どろどろした濃のしぶとさであった。ふっと彼は、こんな父の膝下で少女期を過ごすつね子を哀れに思った。

母が夜遅くまで夢中になって縫物をしている。時折、糸のついた針を頭髪の中へすいと滑らせてからまた無心に縫い続けている。父の浴衣《ゆかた》らしい。西瓜《すいか》の種をポイと吐きながら泰輔は、遣り場のない怒りが込み上げてくる。なぜ父だけが、家長だという特権を振りかざしてこの家に君臨することが許されるのか。農作業に疲れているはずの母が寝る時間も惜しんで針を運んでいるというのに、父は今夜も街へ行き帰らないではないか。最近父の帰りが暁方になることがある。酒ばかりか脂粉の香を身につけて、平然と帰宅する。泰輔はこの家に居ると魂ごと汚れてしまいそうな気がしてくるのだ。父に一言の問いかけもしない母さえもが可哀想を通り越して無気味に思えてくる。彼は知人に依頼して、師団の厩舎の仕事を世話してもらい家を出た。母と末子のつね子のことが気になったが、休日には家に戻り、母の仕事を手伝ったり、少額の現金を手渡したりして母に喜ばれ頼りにされてもいた。

父が大損をして東旭川の土地を手放すことになったのだと、帰宅した玄関先の土間から外へ押し返され連れてこられた井戸の前で母から訴えられた。

「寺原へも迷惑が掛かったようじゃっけん」

いよいよ父との膝詰めの話し合いを、と思って帰ってきたら先客が居たのだ。寺原の小母との話は混み入っていてこじれた模様である。連帯保証人という声高な言葉が洩れてきた。

「兄ちゃん、つね子を迎えに行ってんや、林の中はちと可哀想じゃやけん」

遠慮がちな母の言葉が終わらないうちに林へ向かおうとして気がついた。振り返る。二年下の妹のトメが居ない。

「トメは?」

「青年団の会合だなも」

云い難そうに答える。ちえっ、どこへ行ったか解るものか。泰輔はわざとらしく舌打ちをする。派手好きで、少しばかり尻軽で、気性の勝った、男好きのする美人だと云われ得意になっているこの妹を彼は好かなかった。トメは富三郎に似て艶めいた危うさを持っている、と泰輔は思う。つね子はそうではない、泰輔は十四歳年下のつね子を、騎士のように兄の想いで包んでやりたいと思うことがある。

石狩《いしかり》川は大雪《たいせつ》山系を源流として旭川の市街を西寄りに南へ向けて滔々《とうとう》と流れていた。石狩川の本流へ向けて東から西へと美瑛《びえい》川、忠別川《ちゅうべつがわ》が走り、神居、曙辺りで合流する。現在の牛朱別川は、永山、東旭川地区を東南に下り、常磐公園の横に架けられた旭橋附近が合流地点となっている。

半年が過ぎた。秋の終わり頃、つね子たち一家は鷹栖へ引越した。現在の上川郡鷹栖町であるが、石狩川を境にして東旭川とは反対の西に位置している。富三郎の失敗から当麻の寺原とも疎遠になってしまった。知人のいないこの地でも開拓の仕事は待ったなしである。富三郎は相変らず出歩いてばかりいた。キチが朝早くから農作業に精出さなければこの家の生活の歯車は回転しそうにもない。

つね子はもう雪を珍しがることもなくなった。昨日二尺も積もった雪の山に今朝も降り夜も降る。明け方は猛吹雪が襲い、建て付けの粗い小屋のような家は、吹き飛ばされそうだった。吹雪が続くと学校は休みになる。さすがの富三郎も、そんな日は家に籠り、硯《すずり》を取り出して書などをなぞっている。時には近隣の人やアイヌ達から頼まれて、契約書を代筆したり、手紙や揉め事などの相談に乗ってやることもある。能筆、能弁で外面のいい彼は、土地の人たちからは一目置かれ、重宝がられていた。

福寿草が微笑みを浮かべている。蕗の薹が小川の周囲を取り囲んでいた。峰々は勿論、近くの笹藪にも道の凹《へこ》みにも、汚れた雪が少しずつ残っていたが、春は足音高く訪れてきたのである。鷹栖の家は、行政書士の事務所のように様々な問題を持ち込む人が多くなる。富三郎は五つ珠の算盤と石盤と石筆を置き、長キセルの先から煙の輪を飛ばしながら客と対座していることが多くなった。借用証書や利息絡みの云い争いも絶えない。キチは耳に栓をし、心も閉じて黙々と仕事に精を出している。夕食の仕度を日課と定められているのに、トメは遊び歩いているのか、帰宅の遅くなる日が多くなった。キチは畑から上がり疲れ切った身体で薪《たきぎ》を焚き、薯《いも》の皮をむく。つね子が傍らで画用紙に母の姿を写している。キチはつね子に家事を手伝わせようとはしなかった。つね子が包丁の使い方を知ったのは女学校へ入ってからだ。

「ただいまっ」

一歩、土間へ入ろうとして、おや、と思った。母の楽しそうな笑い声がする。まさか、とつね子は首を傾げる。お客さまは誰かしらん。あんなに話が弾んでいる……。そっと戸を開けようとした。ガタンと音がした。上がり框に腰を下ろしていた中背の男女が同時に振り向いた。小ざっぱりした紺木綿を着ている。

「つうちゃん、早よお帰りな」

母の声が弾んでいた。目の縁がほんのりと赤い。どうしたん？　言葉にはせず胸の中で云った。盆に載せた湯呑みにドブロクが注いである。母が焦れったげに云う。

「剣淵の安さん達だがなあ、愛宕村から道中ご一緒だったなも」と、つね子の方を向いてから、「末っ子のつね子だなもし」と、客の顔を見る。

つね子はぴょこんと頭を下げる。安さんは山口から一緒に来た人で、アイヌ人が多く住みついていた名寄線沿いの剣淵《けんぶち》へ入植した人達の頭《かしら》だった。安さん夫婦は笑いながら頭を下げた。ふっくらとして、ゆとりのある暮し振りに見える。

「鹿の肉とな、手造りのお酒と味噌《みそ》を戴いたなも、こんなに仰山や、それにな、つうちゃんの好きな精養軒のカステラをほうら」

云いながら菓子箱を持ち上げてみせる。母は安さんの方へ膝を回しながら続けた。

「そりゃいいことだなも、アイヌの人達とは仲良うせんばならんと思っとるですもの」

一年前、手を携えて共々渡道してきた人達七名は、剣淵での開墾がやっと軌道に乗り、助け合いながら幸せに暮している様子だった。アイヌから教わることが多く、

「今では親戚づきあいしてまあさ、こんな嬉しいことはなかった。蝦夷地はええお人がいなさる。極楽や。親方に連れてきて貰うてほんに良かったやなあと皆喜んどりますがなも

し」と云って、安さん夫婦は陽灼《ひや》けした顔を酒のほてりで興奮させ、律儀に何度も頭を下げる。母は安さんの手を取らんばかりに身を入れて聞いている。生き生きとまるで違った人みたいだ。こんなに明るく嬉しそうにして話を聞いている母を見るのは初めてだった。つね子は何だか胸がキューンと締めつけられるような気がした。ドキドキする胸を押えながら外へ出た。父は朝早くから倉庫会社へ行くのだと出て行ったきり戻っていない。

明治四十五年七月、明治天皇が崩御し国中に服喪令が布かれた。華美な服装や音曲が鳴りを潜め、時の流れが止まったかのように見えた。

つね子は北門小学校三年生になった。鷹栖《たかす》へ越してきてからは林の道を通って通学することもなかった。絵を描く事が好きで、隅っこに居て目立たない生徒だった。華奢な身体つきで瞳だけが大きく光る少女でもあった。

世間が足踏みをしていた頃、富三郎は旭川市街の二線一号に呉服を商いする店を開くことにした。明治三十二年に旭川師団が設置されて以来、旭川駅から近文《ちかぶみ》への道路が急速に整備された。牛朱別川に架けられた土橋も木橋になり、石狩川に架かる鷹栖橋なども三十七年には鋼鉄の橋に換えられ、旭橋と名づけられている。重要幹線道路となったこの沿線に繁華街が栄え、誰からともなく師団道路と呼ぶようになっていた。

富三郎は相変らずの独断専行だった。キチは勿論のこと、今では師団の臨時雇いを辞め、母の力仕事の肩代わりをしていた泰輔もいつの間にか富三郎のペースで働いている。彼は父の代理で貸金の取り立てをしたり、書きものの手伝いをした。父に似て筋のいい手だった。東旭川にいた頃、利息が高いと怒鳴り込んできていた百貨店の番頭がいる。富三郎がどのように渡りをつけたのか、商いは彼を窓口にして順調に発展していくかに見えた。

鷹栖の家も田畑もそのままだった。仕事は山程ある。キチは鷹栖の家で暮すことの方が多かった。時折、父と意見が合わずに飛び出してくる泰輔が鷹栖に居ることになり、家族は店と鷹巣を往復する不規則な暮しをした。

富三郎の金回りが良くなった。彼は大島の袷に、こうもりの形をしたインバネスを羽織り、雨の日も風の夜も街へ出ていく。一条通りへ出ると、一流歌舞伎を演しものにした佐々木座があり、西洋料理やビリヤードの精養軒があり、また第一楼もすぐそこにあった。

つね子は北門小学校の四年生になった。

「つうちゃん？　お帰り」

店の奥の居間から母の声が飛んできた。近頃、忙しくなった店の客の、裁布の柄合わせをしている。鍬を針に持ち替えさせられた母の手はひびだらけである。縮緬《ちりめん》や錦紗の反物に引っ掛けて布地を傷めるのを極度に恐れていた。

「兄ちゃんは？」

つね子は鞄も置かずに母の頭へ云った。おや、というように母が顔を上げる。

「何ぞ、用？　川へ行ったっとよ」

「牛朱別川？　なんでえ」

「庭石を探すっとよ、お父っさんが云うんだなも」

気ぃつけてなも、つね子は母の声を背に家を出た。走って角を曲がる。一面のじゃがいも畑だった。風が甘酸っぱい匂いを運んでくる。河原にはハマナスが蕾《つぼみ》をつけているはずだ。緩い起伏を描いて続く畑が地平線と合流する辺りに、チカップニナイ山、シアン山、トウシ山などの山並みが肩を寄せ合っている。アイヌの人達が、カムイ・ヌプリ（神々の山）と呼んでいる山々だ。秀峰がうっすらと雪を残していた。

牛朱別川は、中島公園（現・常盤公園）をぐるりと取り巻くように支流を派生させていた。どの道を行っても流れに突き当たる。つね子は家からは少し遠いいつもの川原に兄がいると思った。川が近くなると、所々にヨシやイグサやスゲなどが密生していた。走り疲れて息を切らしながら草を踏む。つね子には早く兄に知らせなければいけない事があったのだ。

「兄ちゃあん」

つね子が歩きながら声を掛けた。

「おう」

作業服の彼は逞《たくま》しい腕を突き上げて白い歯を見せた。二人は並んで川原に腰を下ろす。

「兄ちゃん、タクボクって知ってる？」

つね子は両足を投げ出して座るなり云った。泰輔は真剣に大きな目を向けてくる小柄なこの妹が可愛くてならない。

「いいうたを作るひとだ、肺病やみの」

「うたって？」

「五、七、五、七、七、だぞ、いいか」

笑いながらつね子の手を取って指を折ってみせる。

「ふるさとのぉ、山に向かいてぇ、云うことなしぃ」

泰輔は小声で節をつけて歌い出した。

「タクボクが死んだって、先生が泣いてたよ」

突然、つね子が遮った。泰輔は、う、と息を詰める。泰輔はよく本を読んでいる。つね子は先生が声を詰まらせて話をしてくれた啄木《たくぼく》の死を、一刻も早く兄に知らせたかったのだ。彼はつね子の気持ちが嬉しかった。だが当時の読書好きの青年がそうであったように石川啄木の死は彼に無常の思いを深くさせるだけだった。二人はしばらくの間無言で川原に座っていた。川の面に樹々の影が落ちて牛朱別川は緑いろに染まっていた。

兄ちゃん、と声を掛けようとして止めた。放心したような兄の横顔に、別な屈託が潜んでいるような気がする。

泰輔はその時、「ふるさとの山に向ひて云ふことなし」と呟いて東京の大学に去っていった道代のことを思っていた。道代は泰輔の二級下で、彼が初めて恋をした憧れの女性だったのだ。

煙草を買ってくる、と一条通りの方へ曲がる泰輔と別れ、つね子は裏口へ回った。下屋を下ろした流し台で母がアイヌ葱《ねぎ》を洗っている。

「兄ちゃん、いた？」

母が郷里訛《なま》りのない声で云った。つね子は流しの横に立って母の手許を見ていた。

「つうちゃん」

帆前掛けで手を拭きながら、母が改まって呼んだ。なに？　と云うように母の目を見る。目尻の細い皺がまた増えたようだ。ちょっと、と、母は顎をしゃくると手招きをした。二人は井戸の傍らに放置してあるケヤキの切り株に腰を掛けた。

「つうちゃん、兄ちゃんにお嫁さんが来るっと」

母はつね子の反応を確かめながら、いつものゆったりした口調で云った。それから掬《すく》い上げるようにつね子を見た。

「ふうん」

つね子は下を向いた。靴の先に力が入った。

「いいかね、つうちゃん、他人さまが来られるじゃけん、いい子にせんばなも」

つね子は肩を竦《すく》める。母の顔を見ずに、つんと唇を尖《とが》らせて大人っぽく云ってみる。

「どんなお嫁さんなんかな」

「それがなも、当麻の、ほら屯田のね、寺原のツチさんだなもし。泰輔も、もう二十五だものなあ」

語尾は自分に云い聞かせるように云った。そう云えば、寺原の家とは縒《よ》りを戻して以来、以前にも増して親しく行き来している様子である。同郷で家格も釣り合うし、気心も知れている、と双方の親たちが踏んだのであろうか。泰輔が、強《た》ってと望んだとは思われない。大人の世界にはおかしなことばかりある、とつね子は心の底に浮き沈みする不思議な蟠《わだかま》りを押し込めるように呟いた。

あ、突然、母が立ち上がろうとして崩折れた。切り株を抱く形で両手を地面に這わせ、首を下げた。日本手拭いが振り落され白髪の多いザンバラ髪がぐらりと傾いた。

「母ちゃん！」

つね子の悲鳴が夕闇を裂く。泣き喚くつね子の声を聞きつけて店に居た富三郎が出てきた。

「キチ！」

さすがに凝然としたらしいが、すぐ大股に駆け寄った。キチはその時、気がついたのか両手を切り株に掛け、よろよろと立ち上がろうとした。（つうちゃん、胸が……）つね子は真青な母の唇がそう云ったような気がした。キチは、極度な過労が高じて発作を起こしたらしかったが、一命はとり止めた。

大正二年、寺原ツチ二十一歳は、当麻《とうま》町からここ上川郡鷹栖村近文二線九号一番地の崎本泰輔の許へ嫁いだ。泰輔夫婦は当分の間鷹栖の家で暮すことになった。その年も押し詰まった十二月十六日、泰輔夫婦の長女雪子が誕生する。富三郎やキチにとっての初孫だった。

キチはその三年後の十二月、二線一号の呉服店で突然死を遂げた。

春雷

　全方位的につね子を許し、受け容れた母。その母が亡くなり、その愛の拠り所を失った思春期のつね子の情動は、羽を傷めたコノハズクのように方向が見えなかった。翔べない不安な毎日が続いた。

　下屋を下ろした勝手口から、二間ほど東に茅葺《かやぶ》きの風呂場がある。母が逝った頃は、風呂から母屋へ戻る僅かの間に、手拭いがガチガチに凍って一枚の板になってしまった。一事が万事の寒さだったが、漸《ようや》く陽の光が少し和らぎ、刃物の鋭利さで肌を刺したトウシ山下ろし、氷室のような蝦夷地の冬が過ぎようとしていた。

「嫂《あによめ》さん、先にお風呂、いただきました」

　つね子にはこの一言が素直に口に出せないでいる。気忙しそうに夕拵《ゆうごしら》えをしている嫂の後ろを猫足で抜けた。嫂のツチは臨月に近い腹を抱え大儀そうに擂子木《すりこぎ》を回していた。擂子木はサンショウの木で出来ているというのが母の自慢だった。母の病室だった薄暗い六畳へ入って襖《ふすま》を閉めた。古い箪笥と鏡台が並んでいる。思わず箪笥に駆け寄った。頭を押しつける。ふうっと肩を落とした。両足を投げ出して倚り掛かる。カラン、小さな音がした。腰をずらして後ろを見た。引き出しの金具の環が揺れている。反射的に立ち上がった。両の手が小引き出しの底から亀甲形の模様の巾着を摑み出していた。

「おなごには、誰にも云えん金の要ることがある……」

どこからか母の声がする。あれはカンナの赤が燃えていた午後だった。つね子に巾着を預けた母が三ヶ月余りで逝ったのは正月を目前にした暮れの二十二日。つね子は巾着を握り締めたまま、窓の外に目を移した。ガラスに額を寄せて軒廂を仰ぐ。氷柱《つらら》の簾《すだれ》がすっかり消えていた。十日前までは切尖がぐさりと突き刺さって垂れ、軒下の堅雪にしっかりと繫がっていたのに。雪雲のあわいから時折こぼれてくる小さな陽を受けて、キラキラと光っていた氷柱の林が消えている！

薄闇の中にポトリと雫の落ちる気配を嗅いだ。暦の上の立春が過ぎ、家の周囲の雪の壁は、朝見ると、十センチも低くなっていることがあった。

つね子の躰に遅い春の目覚めが訪れたのは、閏年《うるうどし》が明けた翌日だった。子供の頃から寝起きの悪い癖が抜けなかった。今朝はそれに妙な戸惑いが混じる。全身がだるく、まだ固い乳房の辺りから両耳にかけて、かっかと火照りが昇ってくるのだ。顔中が熱のヴェールに包まれてしまうのではないか、毛細血管の先々までチロチロと炎が這い回っているのではないかしら。不安がぐんぐんエスカレートしてくる。つね子は、少し前から下半身に変調を感じていたのだ。両股の間に得体の知れない、不快なぬめりを覚えた。

あ、つと身を起こそうとした。だがすぐに思いとどまっていた。静かに躰を横にした。努めて平静を保とうとする。深呼吸をした。そろそろと手を滑らせていった。息を殺して確かめる。

やっぱり！　また躰の深い部分から火照りが突き上げてきた。漠々とした不安の真ん中に居た。このようなかたちで訪れてくるものなのか、と思った。「月のもの」と、これだけは折々に母からしっかりと聞かされていた。夏、蚊帳《かや》の中で、ヤマニ商店の団扇《うちわ》を使いながら、「故郷ではな、赤飯《あかまま》を炊いて、家のもんが内々で祝い事をするのじゃなもし」と、母が生真面目な表情で云ったのを思い出していた。厳粛な気持ちがつね子を襲った。天井を仰いで躰を固くしていた。彼女の空耳に、「吃驚せんでええ、つうちゃんも大人の仲間入りじゃっけん！」

もの憂いような母の声が、板張りの天井の継目からこぼれて聞こえた。

嫂さんに話さなければ、と思った。途端に遣り場のない羞恥が込み上げてくる。それに、これ見よがしに忙しく立ち働いているツチが、一体どんな態度の反応を見せてくれるというのか。ふだんから生意気だ、可愛げがないと思っているらしい義妹に、女の徴候があったからといって、とつね子の躊躇《ちゅうちょ》に拍車をかけるものがある。

黙っていよう、と思った。寝巻きの紐を締め直して起き上がると、母に聞いていた通りの手当てをした。巾着の中のお金で用意した品々だった。夜具を片付けてしまおうか、と身を退いた。あ、思わず両手に抱えていた枕を落とした。垢染みたシーツに点々と、淡い紅色の花びらが散っていた。

その日、つね子は、頭痛がすると云って学校を休んだ。

「つねはどうした！」

台所で雪子が泣き喚いている。食事の後始末をするらしい騒々しさの中から、泰輔の尖った声が追ってきた。正午だというのに起き出してこない妹に苛立っているらしい。嫂の不服そうに応える声がした。つね子は頭からすっぽりと布団《ふとん》を被ったまま、両脚をぴったりと寄せ、海老《えび》のように躰を曲げた。

「流氷が動き出したそうじゃないか」

富三郎が味噌椀を卓へ置きながら、誰にともなく云った。居間の空気が淀《よど》んでいる。今度は新聞を両手に広げて、「ロシヤで革命が起きとるぞ、泰輔」と、下顎をぐいと持ち上げる。老眼鏡の奥の眼窩《がんこう》をしわめながら洟を啜《すす》った。

「ふん」

泰輔は唇の端で応じ、それっきり黙した。よっこらしょ、富三郎はわざと大きな声を出して立ち上がり、炉の向こう側へ席を移した。キチに先立たれてからの富三郎は、思うところがあるのか何彼につけて泰輔の歓心を買おうとした。家族には直接関わりのないこうした話題を口にしては、接触の糸口を摑もうとする。泰輔は相手にならない。彼は二線一号のこの呉服雑貨店を早急に処分したいと思っていた。一つ事を考え始めるとそればかりを思い詰め、他の事は顧みない泰輔の狭量な性格は相変わらずだった。加えて、手持ちの小金を回していたのが貸金業として定着してくると、応分の汗を流して働いても利益の少ない、客に一生頭を下げ通しの販売という家業にイヤ気がさしてくる。終日を二階の自室に隠りぼんやりしていることがあるかと思えば、何やら筆を走らせていたりもする。生活のステップを模索しているようにも見えるが地に足が着いていない。富三郎程の妄想癖とは周囲も思わないのだが、行動性の薄い、頭でっかちに見えて、家の中の空気を落着かないものにしていた。

同じ頃、富三郎はのちに禁治産者を印される誘因になった闘鶏にのめり込んでいた。負け込んで自暴自棄になる、また負けるで、手許の金も底を突き始めていた。泥酔して帰る夜が続いた。第一次世界大戦が終わろうとしていて、巷の成金景気にもそろそろ翳《かげ》りが見えてきた時代だった。

大正六年四月二十日、ツチは第二子の長男茂樹を出産した。

朝から雲行きが怪しかった。ガラス窓の向こうで、中空を引き裂くように雨が降り出した。雨粒は斜めに激しく叩きつけた。校舎の周囲で揺れていた北こぶしが小さな白い花を思い切りよく散らしている。雪華が狂おしく舞っているようだ。

きゃあ。突然、閃光《せんこう》が走った。春雷が轟《とどろ》く。校舎の窓に打ちつける雨粒を面白そうに見ていた四、五人の女生徒が慌てて窓を離れ、一斉に耳を塞いだ。いっとき嬌声《きょうせい》に雨音が消される。

つね子は手洗いから戻りかけて立ち止まった。激しい雷に驚きはしたが、みんなのように大仰に騒ぐ気にはなれない。廊下の壁にそっと身を寄せた。音楽室に誰よりも一番に入ることがためらわれる。本当は一刻も早くオルガンに触れ、思い切り弾きたいのに気後れが先に立つ。一昨日、大柄な榊田《さかきだ》ゆり子を囲んだ取り巻き連中が、声高に話しているのを耳にしてしまったのだ。

「何よ。少しばかり弾けるからって、歌がうまいのですって、あれで」

「先生、依怙贔屓《えこひいき》してんのよ」

「あの方の家って金貸しですって、それにお姉さんは北都高女でしょ」

「北都は軟派が多いんだって。もしかしてメガネも？　辛気くさい顔してるけどねえ」

陰湿な笑い声が上がった。榊田ゆり子は旭川第七師団の将校の娘である。クラスには医師、弁護士、パルプ会社の重役、名のある商家など、社会的地位のある家庭や経済的に余裕のある家の比較的成績の良い娘たちが多かった。彼女達には大勢の中から選ばれたというエリート意識がある。私立の北都高女とは一線を画しているのですぞ、という妙なプライドも持っていた。実際には、国粋主義の横行したこの時代にこうした地方の私立女子校にこそ、自由な雰囲気で学べる土壌が残されていた。

一方、つね子が通う庁立高女の生徒は、良妻賢母、特に立派な軍人を生み育てるための母性を要求された。従順で謙譲の美徳を備え、勿論知性に優れ品行方正でなければならない。だが半面軍国侵略主義を推進する為政者の意向に、夢見る彼女達の淡い意識はどのようにでも染められていくのだ。歪曲《わいきょく》されたエリート意識が、学校の垣根を越え、街の中へ、街角から家へ、家の庭先から茶の間へと滲み出し、人間との関わりの中で醜く増殖していくこともある。理不尽な事も数々起きていた。

「崎本さん」

ふいに呼ばれて我に返った。鈴木先生が手招きをしている。俯《うつむ》いたまま皆の背後から教室に入った。小柄なつね子の席は前列から二番目、音楽の試験が始まるところだった。先生は袂《たもと》の袖口を押えながら黒板にチョークで『谷間のともしび』と書いた。次に手を叩いて白墨粉を払うと、窓側に据えてあるオルガンの前に腰を下ろした。春雷の去ったあとの雲の切れ間から陽が射してきていた。弱い虹いろの光は、それでも足踏みオルガンの譜面立ての横まで届いた。授業の大部分は歌唱指導である。試験も同じだった。つね子は前の席のため五番目に指名された。

「たそがれに　わが家の灯
窓に　うつりしとき
わが子帰る　日祈る
老いし　母の姿」

アルトのよく伸びる声だった。先生はなかなか「はい、そこまで」とは云ってくれない。

「谷間　灯ともしごろ
いつも　夢にみるは
……………………」

ふいに熱い塊が込み上げた。咽喉が詰まった。声が出ない。今朝からつね子の深い部分に突き刺さっていた棘《とげ》が痛み出していた。『谷間のともしび』のマイナーなメロディと日本情緒にフィットして訳された詞は、歌っているつね子の情動を揺らした。歌心と棘の痛みが縦横に激しく行き交いタペストリーのように織り成した。織布はリズムを取りながら鴇《とき》いろに染まってすっぽりと彼女を包んでいく。

朝、起きがけに耳にした兄夫婦の争い事。何も彼も自分が誘因なのだと思う。私が罪悪人？　いやそうではない、微かな罪の意識だった。微かな意識がいつの間にか両肩に重くのしかかっている。どうしたらいいのかしら。依怙地な私、素直でないこの私……。目頭が熱くなる。右手でそっと瞼を押えた。指の間から涙が落ちた。鈴木先生がチラリとこちらを見た。先生は落ち着いた様子で、「いいでしょう、そこまで」と云った。つね子は下を向いたまま一礼し、椅子に掛けた。

すぃと眠りへ引き擦り込まれそうになる。（春眠あかつきを覚えずよお、まったく）頭のどこかで同じコトバを繰り返している。（ああ、暁ばかり憂きものはなし、かあ）つね子は、先程から何度も起きようとしては起きられないでいた。

居間の方で嫂のツチの心細げな声がした。

「昨夜から、茂樹の具合が良くないの」

ツチの声を押えつけるよう泰輔が云った。

「病院へ連れていけ」

「だったら、医者に払うお金欲しいんだけど」

「なにい、一昨日渡したゼニはどうした！」

「あれっぽっちの金、必要な物買ったらすぐなくなったよ。醤油《しょうゆ》だって、石けんだって。夕べのご膳であんたとお父っさんにだけ、かすべの煮付けをつけたでないの。それに雪子が一年生に上がるんだよ、何かと金が要るものね」

「ツチ、お前はだらしがないの違うか。おふくろが生きていた時分は、親爺が渡した金のほかゼニくれなんど云うの耳にしたこともなか、おふくろは辛抱だった、倹《つ》ましかった。黙って耐えていたな、お前ときたら使うだけが芸か……」

泰輔のねっとりした物云いが、起きよう、起きようと思っている布団の中のつね子の気勢を削いだ。兄ちゃんは、何時からあんな嫌味たらしいこと平気でいう吝嗇になったんだろう。お父っさんに無理に判つかせて名義を書き替え、家の財産を自分の裁量で仕切るようになってからかも知れない。ああイヤだあんな兄貴は嫌い。軽蔑に値する。

「寺原へ行って、都合してもらうかい」

挑むようなツチの声がする。

「バカモン、金がないって云っているんじゃねえ、家ん中の案配をちと考えれってんだ」

「そんだらさ、私は嫁に来てから一尾もの魚や卵なんか拝ませてもらった事があるのかね。七年も経つというのにね、ま、一銭で三尾買える鰯《いわし》はたまに喰わせてもらったけど。盆と正月の他にあんたらから小遣い貰ったことはあるのかね、子供が二人もいるのにさ。おっ母さんは辛抱なお人やか知れんが、私にはそりゃきついお姑《しゅうとめ》だった。お父っさんだってひどいこと平気で云わさるしなあ、ツチ、お前が嫁に来てから家運が傾いたなんて」

　ツチの声が湿り気を帯びてくる。

「何！　何だって云うんだ、も一回云ってみろ！」

「あんた、つねちゃんのことだがね、驚くでないの、私は牛乳と卵しか食べませんからね、だってさ」

「あいつは子供の頃から身体が丈夫でない」

「朝起きもせん、後片付けもせん、『庁立高女でございますよ』って顔ぶら下げて、何なのよ一体。トメさんの方が身持ちは良くないがまだバカ正直で良かったー。私がこんなに忙しくしているの解っていて昨日も、朝御飯の膳に味噌汁やお菜を二つもつけといてやるに、味噌汁の匂いが厭だっていきなり突き返して寄越すんだから。卵と牛乳とパンを用意しておけばいいのに！　って、何様なんだろうかね」

　ツチの声が震えている。

「つねのことはいい。あいつはこの家のもんだ。それに母親が死んだばかりではないか。お前は当麻にえれえおっ母さんがいるから淋しくなんかないだろ。少しはつねの気持ちも解ってやれ」

「そうだねえ、寺原はおっ母さん始め、皆よく働くし真っ当なもんばかりだから、始末屋だから金はあるがケチらない。財産は仲よう守っとるし、集落の世話役に推されて世間様の信用だってたんとある」

「…………」

「あんたは僅かの財産握ってからに、女房子供の必要なもんまで出し惜しみするくせに、自分は理屈こねて働かん。出し渋ってばかりで身体を使って稼ぐこと何もせんじゃないの。私はこれでも一晩に袷反物一枚仕上げて寝ないで働いたこともある。ほら、見い、あかぎれの切れた中指に縫いだこが残っとるんよ。この家のために心底尽くしてきたつもりなのに、嫁はこの家のもんじゃあないのかね」

ツチが涙声を上げ、ぐしゅっと洟《はな》をかむ様子が混じる。

バシッ、突然、平手打ちをする激しい音がした。

「一家のあるじに説教するつもりか、ツチ！」

思わず両手を頰に当てた。自分の頰をぶたれたようにびりりっと痛みが走った。つね子

郵便はがき

料金受取人払郵便

新宿局承認

2524

差出有効期間
2025年3月
31日まで
(切手不要)

160-8791

141

東京都新宿区新宿1－10－1

(株)文芸社

愛読者カード係 行

ふりがな お名前			明治 大正 昭和 平成	年生 歳
ふりがな ご住所	□□□-□□□□			性別 男・女
お電話 番 号	(書籍ご注文の際に必要です)	ご職業		
E-mail				
ご購読雑誌(複数可)		ご購読新聞 新聞		

最近読んでおもしろかった本や今後、とりあげてほしいテーマをお教えください。

ご自分の研究成果や経験、お考え等を出版してみたいというお気持ちはありますか。

ある　ない　内容・テーマ(　　　)

現在完成した作品をお持ちですか。

ある　ない　ジャンル・原稿量(　　　)

書　名			
お買上 書　店	都道　　　　　　市区 府県　　　　　　郡	書店名	書店
		ご購入日	年　　月　　日

本書をどこでお知りになりましたか?

1.書店店頭　2.知人にすすめられて　3.インターネット(サイト名　　　　　　)

4.DMハガキ　5.広告、記事を見て(新聞、雑誌名　　　　　　)

上の質問に関連して、ご購入の決め手となったのは?

1.タイトル　2.著者　3.内容　4.カバーデザイン　5.帯

その他ご自由にお書きください。

(　　　　　　)

本書についてのご意見、ご感想をお聞かせください。

①内容について

②カバー、タイトル、帯について

弊社Webサイトからもご意見、ご感想をお寄せいただけます。

ご協力ありがとうございました。

※お寄せいただいたご意見、ご感想は新聞広告等で匿名にて使わせていただくことがあります。

※お客様の個人情報は、小社からの連絡のみに使用します。社外に提供することは一切ありません。

は筒抜けに聞こえてくる嫂の云い草に身も世もあらぬ心地でいたのだ。おっ母さん……思わず口走った。どうっと涙が溢れてきた。泣くまいと歯を喰いしばった。拭いても拭いても涙の塊が突き上げてきた。夢中で手を伸ばしていた。ビロウドの布団の衿を摑んだ。繭《まゆ》の中のさなぎのように身を縮める。赤い布団の衿が赤い繭のようだった。頭からすっぽりと被り涙の糸を紡いでいた。身をよじりながら、起きなければ学校に遅れる、と思った。今日は四時限目に音楽の試験がある。私がこの家に居なけりゃいいのだろうか。嫂さんの云う通りだ。手伝いもしないで文句ばっかり云っている我儘なのは私なんだから。

足音を荒げた泰輔が出ていく気配がする。しばらく茂樹の泣く弱々しい声がしていたが、やがて家の中はひっそりと静まった。呉服店の店は買い手がついたようで、十日程前から雨戸を閉ざしている。六十八歳になった富三郎は雨紛に行ったきり帰っていない。神居村雨紛には数町歩の田畑があった。安さんが建ててくれた素朴な一軒家もある。気のいいアイヌの隣人もいた。泰輔に疎んぜられ、酒と闘鶏に溺《おぼ》れていく富三郎の唯一無二の逃げ場だったのかも知れない。虚ろな富三郎の心は、つね子のことなどとうに忘れているのだろうか。しばらく父と言葉を交わしていない、と思った。雨紛へ行って父と二人で暮そうか、つね子は真剣にそう思いながら雨に濡れた赤土の狭い道を学校へ急いだ。町の中は北海道開道五十年のお祭り騒ぎで浮き足立っていた。提灯《ちょうちん》が揺れている商店の店先をけばけばしい幟《のぼり》を立てた大八車を押していく者がいた。

音楽室にピアノが据えられた。つね子は放課後、鈴木先生の許可を得て、ピアノの練習をさせてもらうのが楽しみだった。幼い頃故郷の山口で琴を習っていた事がある。音感は確かだしリズム感もある、時々声に出して弾いてみたりもする。放課後の教室では石炭を焚くことは許可されていないから、ダルマストーブは灰を落としたまま冷えていく。両手を擦り合わせ温もった指を鍵盤の上に置いたその時、戸の開く音がした。袴《はかま》の紐《ひも》を乳の下辺りで結んだ鈴木先生である。

「ご熱心ねえ、崎本さん」

先生はピアノの傍らへ来てつね子の顔を覗いた。

「ねえ、あなた、東京の音楽学校へいらしたらどうかしら」

思いがけない誘いである。先生が入って来た時からどきんどきん打っていた胸の動悸《どうき》が高鳴ってはり裂けそうだった。赤くなって下を向いた。

「吉祥寺にね、私の卒業した学校があるの、東京庁立体操音楽女学校というのよ。あちらには存じ上げている先生がいらっしゃるし、推薦状書いていただくようこちらの校長先生にもお願いして上げるけど、どう?」

もう一度、どう？　と先生はつね子の肩に両手を置く。つね子は袂を合わせて胸を押さえた。願ってもない、夢のような話だった。

「先生、私、吃驚しちゃって、そんなこと、大層な音楽学校に私が、私みたいなのが入れるんでしょうか」

「そりゃ、これからみっちりやらなければならないけれど、あなたは素質があるから、いいんじゃないかな」

「ま、一応、お家の方に相談してごらんなさい。オーケーが出たら、放課後に私が見て上げましょう」

風邪を引かないようにね、鈴木先生はそう云い残すと教室を出ていった。

空がどんどん広がっていた。身の竦むような風も、所々凍結した地面も苦にならなかった。つね子には宙を飛んで帰ってきた記憶すらない。東京の体操音楽学校へ、まあ、なんて、夢みたいな話。夢でなければいいが、夢なら醒めませんように。東京には兄ちゃんの昔の想い人、道代さんもいる。索漠とした日常に百花が咲き乱れたように胸をときめかせ、鎖を解かれた子犬のように嬉々《きき》として裏口の板戸を開けた。

だが十八歳のつね子の夢を叶えてくれる程、泰輔は寛容ではなかった。彼はこの可愛いはずの妹の願いを一蹴したのだ。

「おなごが、何であの危なげな東京へ行く。何生意気に音楽だと！」

泰輔の反対にツチは黙したままだった。富三郎が泰輔の意を迎えるように、「つね、何をバカ云うとる。裁縫覚えて早う嫁に行け」と、声を大きくし、果ては鈴木とやらいうおなご先生にたぶらかされていると、口を揃えて非難する始末だった。

鬱々とした日が続いた。何としてでも東京へ出たい、つね子は熱病のように思い始めていた。だがどんなに願っても、涙ながらに頼み、食を絶って抵抗してみても、憎まれ口を叩いてみても、泰輔が肯《がえん》ずることはなかった。或る晩遅く帰宅したつね子をツチが咎《とが》めた。不貞腐れ、激情の遣り場に窮していたつね子は思わず口走ってしまっていた。

「もうこんな家に居られるもんですか！」

彼女は風呂敷を広げ、下着を重ね出した。纏《まと》めた小さな荷物の上に涙を落したその時、酔いの回った泰輔が帰ってきた。

「つねちゃんが家を出て行くんだって」

切り口上のツチの云い草だった。泰輔はツチの顔をジロリと見ると、次の言葉を待たずつかつかとつね子の傍らへ来た。間髪を入れず、張り飛ばした。生まれて初めて兄から受ける鉄拳だった。身体の中心を衝撃が走った。頬の痛み、飛ばされて打った肩の痺《しび》れ、だがそれよりも何よりも鋭く哀しい痛みが心の奥を刺した。口惜しく恨めしかった。何もかも虚しく絶望的に思えた。鈍いろの砂嵐がつね子を覆った。後手に襖を閉めて居間を出ようとした。振り向いて上目づかいに兄の顔を睨《にら》んだ。あっ、泰輔の両眼に大粒の涙が光っている……。

大正八年七月十九日、数え年三歳の可愛い盛りの茂樹が死んだ。哀しみに浸る間もなく同年十月君江が生まれ、雪子は七歳になった。秋、つね子は教科書と身の回りのものだけを抱えて雨紛《ウプン》の父の許へ移った。神居《かむい》村雨紛は、宮下、曙地区など繁華街から北よりの東地区にある。西外れに対位する石狩川流域の自然の景勝地、神居古潭は早くから拓かれた。カムイ・コタン（神の村）は魔神ニチネ・カムイが善神のサマイクルに切られ、その胴が立岩、首が対岸の岩となったという伝説のある古潭だった。だが雨紛は見渡す限りの原野で、入植した内地人が其処此処を開墾し始めたばかりだった。板張り萱葺きの家がちらほらと建っていた。だが石狩川に注ぐ美瑛川に沿いながら、支流の雨紛川に挟まれている土地は肥沃で、泰輔は耕地をアイヌに任せ、小作料を納めさせた。つね子は約六キロの道を歩いて通学した。父と二人で暮したのは六ヶ月くらいだろうか。翌九年、雪解水が音を立てて美瑛川を下る頃、泰輔夫婦と子供は二条一丁目の家を処分した金を持ち雨紛へ越してきた。

大正十年早々、泰輔夫婦と子供二人が、雨紛から今度は旭川市街の北東に位置する九条十五丁目の家を借り越していった。この年の三月、つね子は庁立旭川高女四年を卒業した。卒業制作に描いたつね子の絵が抜群の評価を得、職員室の話題をさらった。絵は牛朱別川とその向こうに連なるカムイ・ヌプリの連峰だった。手前に群れるじゃがいもの花の美しさと兄妹らしい二人の子供の実在感が驚愕を呼んだらしい。

つね子に東京体操音楽学校への進学を断念させた泰輔は、代りに補習科へ進むことを許した。当時師範科の生徒は二十五人、つね子は暇を見つけては、音楽教室へ入ってピアノの練習に没頭した。下校時間ぎりぎりまで学校に残ったのは、嫂となるべく顔を合わせたくない気持ちもあった。時々は鈴木先生の自宅へ寄って、発声法やコールユーブンゲンなどの専門的な教えを受ける事もあった。師範科では、一年後の卒業時に、小学校代用教員の資格を付与されるはずであった。

一方この頃、大正九年頃からスイスに端を発したダダイズムが日本に紹介され始めた。トリスタン・ツァラが「ダダイズムはダダである」それがすべてであるということを標榜《ひょうぼう》したダダイズム。

初期ダダイズムの影響を受けた作品を遺している小熊秀雄が、樺太から姉ハツを頼って旭川へやって来たのが大正十年である。つね子のあずかり知らないところで、運命の歯車が少しずつ回り始めていた。

亜麻いろのハンカチ

「おっ、汐首《しおくび》の岬が見えるぞぉ」

舳先《へさき》で誰かが叫んだ。一等船室の客が一斉に右の窓を見る。立ち上がってからすぐに椅子に腰を落とす者もいる。船が函館港に近づいたのだ。軍服を着た男が二人、サーベルの音を立てながら出ていった。裾の長い水色の洋服を着た婦人が、窓から目を離すと、飾りのついた帽子のツバに手を添えて振り返った。

「立待岬《たちまちみさき》はどの辺りでございましょう」

チャコールグレーのスーツを身嗜《みだしな》みよく着た紳士が、どれどれという仕草で左の窓へ身を寄せる。四十年輩、弁護士か、医者か。小さく方形に区切られた海は、眩《まぶ》しくて、どこまでも青かった。海の向こうで空は見事に晴れ上がっているのだろうか。

気の早い人たちが船底の二等船室から、ぞろぞろと階段を上がってきた。風呂敷包みを背負った行商人風、乗馬ズボンに編上靴を履いた仲買人風、くたびれた十年縞の袷に兵児帯を締めた芸人風もいる。子供の手を引いた夫婦らしい連れもいた。

白線の入った学帽を目深く被った青年が軽い足取りでタラップを踏む後ろから甲板に出た。目の前が光り輝いた。別世界に来たようだ。伯母の拵えてくれた黄八丈に二藍の半幅帯が、小柄なつね子をきりりと見せている。太いワイヤーが投げられ、船が桟橋に繋がれようとしていた。甲板の手摺《てす》りにもたれ背伸びして覗き込んでいる老人もいる。船尾には人が少なかった。つね子はそちらに行って海面を覗いてみた。うっすらと油が浮いていた。

（終ったのだわ……）ふうと息を吐く。旭川を出たのが一年と四ヶ月前、旅の始まりには片道切符の心づもりでもあったのに、と思う。船腹に沿った海面に白線がさざ波を立てている。

「キチとの約束だなもし、卒業式を終えたらすぐつね子をこちらへ発たしてなもし」

母キチの生家、崎本平槌の許からつね子の兄泰輔に手紙が来たのは、大正十一年三月、つね子が庁立旭川高女の補修科を卒業する間際だった。八年前、五十六歳で逝った母と旭川の雨紛にいる父とは同郷で、山口県愛宕村の出身である。母は、生家が裕福である事を内心誇りに思っていたらしく、折りに触れてはつね子に自慢げに話した。つね子は今、その愛宕村から旭川へ戻るところなのである。

北国の春一番は、みぞれ混じりの強風に四分六分の期待を乗せて吹いてくる。あの日、つね子は、二十歳の女の一人旅を危惧する兄や老父に耳も貸さず、逃げるように家を出た。再びこの敷居を跨ぐことはないかも知れぬ……とは、発つ者ばかりか、残る者も同じ思いを胸に秘めていたのだっただろうが、今、心破れて、蝦夷の地に再び足を降ろそうとしている。「ほら、見てみい、あれはひとりよがりな蝦夷からの逃避だったのさ。安易な南への憧憬に過ぎなかったんだろう」と嫂に嘲われやしないだろうか、などとあれこれ考え巡らしていると、何だか心弾まない家路なのである。

エンジンの騒音が煩わしいのに、船腹は小刻みにも揺れはしない。甲板の手摺りにもたれながら、つね子の胸の内だけがゆらゆらと波立っている。ふっと下を見る。波のさざめきが優しく手を広げていた。小さな泡が母の顔に見えた。……おっ母さん……忘れていた母の笑顔が浮かんだ。泡はすぐ消えた。

やまぐち、瀬戸内海の海辺の町。泰然と流れていた岩国川、日本三大名橋の一つ錦帯橋、五輪の橋を背にしたお城、鮎《あゆ》釣りや鵜飼《うかい》、果ては蓮の葉のそよぎに山茶花、カラタチの垣根、と波頭に目を預けながら、思いは、決別してきたはずの生まれ故郷を行きつ戻りつするのである。

キラリ、海の上を光が走った、と思った。途端に、艶めかしい声が飛んだ。

「あら、お魚が跳ねましてよ」

きれいなアクセントだった。声の方を見た。帽子の婦人が連れの男の腕に手を預けながらこちらへ来る。マイワシにしては大き過ぎる、小鰊《にしん》だろうか、群をなして海面のすぐ下を泳いでいく。魚群を追いながらつね子の手が無意識に袂をまさぐっている。左袂からハンカチを取り出した。きちんと折り畳んだ亜麻いろのハンカチだった。つね子はそっと額にかざすと背の高い帽子の婦人を盗み見た。

亜麻いろのハンカチ……なぜ、捨ててしまわなかったのだろう。苦い思い出の蘇《よみがえ》るハンカチなのだった。山口を発つ間際に従兄が無理につね子の手に握らせて、その上から大きなぶよぶよした両手を重ね、痛い程何度も握り締めた、あの……。


どっしりした闊葉樹《かつようじゅ》の冠木門、隅々が苔《こけ》むした檜皮《ひわだ》いろの瓦屋根、黒光りする太い棟木、くすんだ居間の天井、広い田畑、竹林、唐屋、そして屋敷内に建てられた稲荷神社の前にある水屋、どれを見ても息苦しく、旧家然とした母の生家だった。つね子がその家に寄宿してから一年が過ぎていた。

縁側の踏み石に下駄を脱いで片足を掛けた。伯母が花器に山百合を挿している。「伯母さん」揺り椅子の横を通り過ぎながら声を掛ける。突然、思いがけない事が起こった。ぐいっと袖を引っ張られたのだ。よろよろと倒れかけた。ぴりりっ、身八つ口が裂けた。

「なげん、こんなん、色白ぅかとよう」

揺り椅子に座っていた従兄がつね子を抱き止めながら顎に手を掛けた。煙草の匂いがつうんときた。いやっ、身をもがきながら思いっ切り首を反らして伯母を捉える。伯母の困ったような顔がつね子に目配せをしながら、血走った息子の目へいやいやをしている。縦縞のシャツの腕がつね子の帯へ回された。だめっ、つね子は、恐怖に強張った顔を激しく振ると、両手を突っ張って力いっぱい従兄の胸を強く押した。ぐいぐいっと足を踏ん張って思いっ切り押した。ぴりりっ、と今度は袖付けが裂け、揺り椅子が軋《きし》んだ。

幼い頃、原因不明の発熱に侵され十日余り死線を彷徨《さまよ》ったという彼は、周囲から腫れ物に触れるように大事に育てられたという。耳が不自由なので独善的に見えるのか、当家の惣領だから通してしまう我儘なのか、つね子は最初会った時から六歳上のこの従兄を好かなかった。濃い口髭《くちひげ》の陰で薄い唇を右下がりに結んでいるこの人が私の婚約者だったなんて、と破れた身八つ口と袖を庇《かば》いながら、旭川を発つ前に描いていた夢が無残に砕かれていくのを知った。世間知らずの彼女はこれも皆、亡き母のせい、嫂のせいにすり替えてしまって、自分自身の我儘もあるのではなどとは夢にも思わないでいる。

「つねさんは、おいのワイフになるじゃなもし」

細いつね子の腕がまた引き寄せられようとする。つね子は激しく抵抗する。

京都の同志社大学に行っている弟や、東京に居る弟達が帰省すると、家中に都会の雰囲気が満ち満ちた。外来語が頻繁に交わされ、蓄音機の回される日もある。その日はピアノ曲だった。つね子は、障子の陰でそっと聞き耳を立てる。美しい虹のような、五月の風に戯れるおくれ毛のようなピアノの音色だった。思わず胸に掌を当てる。なんて麗しい曲なんだろう、淡い色のレースのブラウスに華やかさを漂わせて、深い森に迷ってしまった時、木漏れ日を見つけてこんな思いをするのは何人なのだろう。掌の向こう側でゆっくりとさざ波を立て始めるものがある。乳首の辺りが疼《うず》いた。

「あ、つね子さんでしたか」

弟が振り向いた。どうぞ……眩《まぶ》しそうに見た目が招じている。

「ごめんなさい、素敵な音楽なので……」

はにかみながら蓄音機の側へ寄った。ジャケットを手に取ってみる。

『亜麻色の髪の乙女』、ドビュッシー……。初めて目にする曲の名前だった。それにしても身についていない知識のなんて多いことだろう。ひとりでに肩が落ちた。

「つね子さんは、兄貴のワイフになる方ですよね」

上背のある背広姿が快活に云った。窓枠に手を掛けている。答えずに、「亜麻色の髪って、どんなでしょうね」と、その黒瞳を一層大きくして弟を見た。

「そうですね」

「……」

「ほら、今のピアニシモのフレーズ、いいでしょう……こんな感じかな、目に見える色でなくとも、音で感じる亜麻色……なんて解釈、おかしいですか」

つね子はふと、こんな人が婚約者だったらどんなに毎日が楽しいことだろうと思った。

「なんや、こげんとこに居たっと」

その時、どかどかと従兄が入ってきて交互に二人を見た。従兄は咎める目つきをした。

「兄貴、つね子さんはね、亜麻色の髪の乙女が気に入ったようだよ」

兄の手を引っ張ってつね子の側へ連れてきた。弟は、ぽんと背中を叩くと口笛を吹きながら出ていった。

「ちくおんき遊びをしてたんか、西洋かぶれしおって」

つね子は、何度もズボンのベルトを引き上げながら何時までも足蹴の空振りをしてみせるぽっちゃりとした従兄の横顔を哀しい思いで見ていた。

惣領の座に根が生えでもしたように従兄は動こうとしない。実務らしい仕事もしないでいる。だからといって弟達が置いていった膨大な書棚の本を読むわけでもない。本家の惣領だから少々薄ぼんやりしていても、しっかりした嫁を、しかも身内からとれば、将来、財産も安心して託せるし、不都合も我慢させることが出来るというのは、家族中心主義的な当時の人々のごく当たり前な考え方だった。

「つね子はな、寒かと雪ん中で娘になりはったでほんに色白やなもし、目も大きゅうて別《べっ》嬪《ぴん》さんなもうし」

伯母が膝に手を置いて息子を見た。花屑の入った新聞紙を丸めながら左膝を庇い立ち上がろうとする。いたたたた、大袈裟《おおげさ》な声がしてすとんと腰が落ちた。そのまま苦笑いを堪える様子、突然、ぱしゃっと右手で畳を打った。

「兄やん、つね子をそない手荒にしたば嫌われるでぇ。まだ祝言を挙げたというでなし」

柔らかな言葉の端々に凛《りん》とした響きがある。従兄はわざと椅子の背にのけ反ってつね子の手を放し、左足で傍らにあった屑籠を蹴った。つね子は、突んのめりそうになりながら、引きつった顔で伯母の側へ駆け寄った。わあっと畳に突っ伏す。屈辱感が全身を巡った。怒りが大きなうねりになって突き上げる。裂けた身八つ口から透けた肌が濡れて見えた。両肩が大きく波打っている。床の間で山百合が一本、ぐらりと傾いた。

「伯母さん、私、明日、旭川へ帰らせてもらいます」

吐き出すように云った。

「何でぇな、こげなことで、おぼこみたいやなあ」

伯母は意外な言葉を聞いたという目をした。それからゆっくりとつね子の肩に手を置いて、おもねるような口調で続けた。

「キチがな、娘の幸せば願って手紙をくれただばな、つね子を惣領の嫁にしてくれとな、金にだけは不自由させず一生人並みに幸せに頼むで、と遺言して死なさった。つね子はそんなこと、とうに承知で来なさったと思うたがなもし」

「イヤです。にいさんの嫁になるのは嫌です。にいさんはゼッタイ……イヤっ」

激しく頭を振り泣きじゃくる。金輪際こんな男と一緒になぞなるものかと、生来の勝気がむくむくと頭をもたげてくる。とぎれとぎれにイヤです！　を繰り返す。

「何とまあ、情のこわい娘かねえ、つね子はそんなに山口が嫌なんかねえ」

大人しい娘だとばかり思っていたつね子の意外な抵抗にたじろぎながらも、伯母は何とか宥《なだ》めようとする。つね子の目から溢れた涙は鼻を口を覆い胸元まで流れた。つ、と袂をまさぐる。あ、ハンカチがない……、素手で涙を払った。座り直して両手をつく。涙を溜めた大きな瞳が伯母を凝視する。きっぱりと云った。

「やまぐちは大好き、伯母さんも好き、でもにいさんはイヤです。それと……」

「それと？」

「金持ちでなくたっていいんです！」

「何でえなあ、兄やんのどんなところが……」

「話が通じないんです、ちっとも楽しくない、も少し教養のあるお人かと……」

云いかけて言葉が過ぎたかなと口を噤む。

「教養がな、ふうん、よくぞそこまで云わさるなもし、つね子は教養があるんかねえ」

伯母の表情が強張った。つね子は俯いてぎゅっと下唇を噛む。

（……すぐ私の躰に触ろうとするにいさんなんて最低です。軽蔑の他ありませんよ。心の交流なんて考えることも出来ません。自分より偉いものがいないから何でも思い通りになると信じている。それに頭の回転が鈍いのはイヤです……）

つね子は言葉を飲み込む。飲み込んだコトバが苦い口惜し涙になってまた込み上げる。涙が宙に散り周囲が真っ白になった。

「つねさん！」

突然、悲鳴が静寂を切り裂いた。びくっと身を引く。先程から揺り椅子にもたれ二人のやりとりを聞いていた従兄が膝をつき、がくっと伏したのだ。

「帰らんでくれ、おいと一緒に居てくれんかなもし、つね子さんの望みは何でも叶えたるがなもし、頼む……頼むだがなあもし……」

語尾が号泣に変った。つね子は、そんな従兄に、一片の愛情の欠片すら呼び覚まされはしない。裂けた身八つ口を両手で庇いながら歯を食いしばっていた。ふっとこんな自分という人間が嫌に思える。私は本当に情の強い女なのだろうか、何もかもが忌まわしかった。

「あのう、これ」

軽く肩を叩かれて我に返った。帽子の婦人が微笑んでいる。彼女のすんなりした指の間で亜麻いろのハンカチがひらひらしていた。つね子は顔を赤らめながら頭を下げた。乗客は下船を始めたが列ははかばかしく動かなかった。

「どちらまで？」

帽子の婦人が尋ねた。バラの香りが漂った。

「あさひかわです」

云いながら身を固くしている。婦人が、あら、と声を上げた。

「わたくしも旭川出身ですのよ」

列が少しずつ動き出した。二人は言葉を交わしながら前へ進んだ。最初は当たり障りのない話をしていたが、婦人は、もしや、と思ったのだろうか、根ほり、葉ほり、旭川の事を尋ねてくる。聞き上手な婦人の自然に漂う気品と、話し振りの人懐こさに惹かれ、庁立旭川高女を卒業したことや、山口へ出向いた経緯などを簡単に話をして名を名乗った。

「えっ、崎本さん！」

「ええ」

「まあ、崎本さん、そう、あなた……女学校は私の後輩よねえ」

婦人の口調が親しげに響いた。帽子を傾け、つね子の顔を覗き込みながら続ける。

「もしかして……泰輔さんの？」

「妹の、つね子です」

答えながら心が波立ってくる。雲ひとつない空の青さを受けて婦人の瞳が群青いろに輝いた。彼女は「道代です」と云ってから小さく咳き込んだ。それから目を細めて柔らかく包み込むようにつね子を見た。そうだったのか……思わず両袖を胸に組んだ。この人が兄貴の昔の想い人、道代さん……美しく聡明そうなこの人が。

「ふるさとの山に向ひて云ふことなし……」と、啄木の有名な歌を残して東京の大学へ去っていったという道代さん……。

大学の研究室に残った道代は遅い結婚をした。今新婚旅行を兼ねて夫の転勤先、函館へ降りるところなのだという。道代は、チャコールグレーの背広姿の紳士を振り返ってつね子を紹介した。

「同郷の方でしたのよ、女学校の後輩……」

洗練されたそのしぐさに目を瞠り、緊張して頭を下げた。つね子はいつの間にか亜麻いろのハンカチを両手にしっかりと握り締めていた。

下船の列の動きが速くなった。タラップを降りたところで別れた。道代さんの口から「泰輔さん」という言葉は二度と聞かれなかった。

ごと、ごとん、ぎしっ、列車が旭川へ着いた。つね子は両手に風呂敷包みを下げ、ホームへ降りた。一年数ヶ月前にこの地を発ってからの事が絵空事のように思える。大正二年に第三次改築がされたこの駅舎はハイカラなモノトーンの造りで、前屋根に瓦を用いた横長に広い建物である。両サイドにとど松が植えられていた。この辺りでは珍しいすずらん型の外灯が一基、朴訥《ぼくとつ》とした電柱の前面に光って見えた。その後ろに「サッポロビール」の大きな幟が立っている。幟の前に堅いベンチが置かれ、佩刀《はかし》に手をかけ両足を広げた軍服姿が胸を反らせていた。前の広場にはびっしりと砂利が敷き詰められている。砂利は牛朱別川畔からでも運んできたのだろうか。つね子は、その小さな石達の様々な形や色を愛おしむようにゆっくりと、時折は立ち止まって、振り返りながら歩を運んだ。

駅前から四条師団道路へ向けていく。六丁目を過ぎると左側にあの懐かしいヤマニ食堂が見えた。女学生の頃、機嫌のいい時の兄に連れられて入った店である。食堂の前に大勢の人達が集まっている。荷車や自転車、荷馬車なども屯していた。祝い事でもあるのだろうか、物売りの香具師《やし》の声高な呼び込みも聞こえてくる。

八丁目に第一神田館が見えた。「サッポロミルク」と書かれた仁辻薬局の馴染んだ看板の見える角で立ち止まった。ふっと肩を落として風呂敷包みを持ち替える。五条通りへと足を運んだ。突然、目の前に石造りの堅牢な建物が現れた。旭川新聞社である。社屋の真ん前に大きな変圧器を載せた木柱がひょろりと立っていた。頂上に硝子を光らせ空を衝いている。右側に掲示板があった。つね子は吸い寄せられるように近づいた。文字がまだ濡れているように思えた。乾き切らないインクが匂うようだった。顔を近寄せる。ああ、思わず声を上げた。ここには活字がある！　胸がどきんどきんと搏《う》った。思索がある、時代への認識がある。批評があり、前向きに生きる姿勢への啓示がある……。急に何かがつね子を突き上げた。眼鏡の奥の黒い瞳を思いっ切り開いて一つ一つ丹念に活字を追った。文芸欄だった。『自画像』という童話の一部が掲載されている。

「お城の塀の中に這入ったお嫁さんの自画像を兵士が拾いまして、これを王様に差し上げました。王様はこの絵を一眼御覧になってあまりの美しさに驚きになりました。わがままな王様はまだお妃がなかったのですから、この絵の女を国中を探して是非連れて参れと、一同の兵士に厳重に申しました。城中の兵士が総出で探したあげく、この絵の女がトムさんのお嫁さんだとわかりました。王様はそこでトムさんに向かって『余の妃に差し出すように』と命令しました、そして万一命令をきかなければ、トムさんの首を切りかねない権幕なのでトムさんは青くなって泣き出しました……」

突然、山口を発つ間際に亜麻いろのハンカチを握らせながら、無理やり手を摑んで離さなかった従兄の事を思い出した。同時にドビュッシーのレコードを聴いた時の京都の大学にいる彼の弟の事も思い浮かべた。

「つね子さんは亜麻色の髪の乙女が気に入ったようだよ」と彼の弟が云ったのだった。従兄は亜麻いろだけをしっかり覚え込んでいたのだろうか、こんなハンカチをどこで見つけてきたのだろう。絹ものの薄い亜麻いろの無地だった。隅に小花の刺繡《ししゅう》がある。苦酸っぱいようなやりきれない思いがした。

ふっと、トムさんのお嫁さんを取り上げた我儘な王様は従兄さんみたいだわと思った。従兄さんが王様か……その連想はつね子をたまらなく愉快にした。可笑しさが数珠つなぎになって込み上げてくる。声に出して笑った。笑っているうちに何かが吹っ切れたような気がした。

私にはお金がない、権力もない、いいじゃない、それで。私はまだ二十歳なのだもの、私には若さと未来という素晴らしい財産がある。二十歳バンザイ！　これからだってどんなチャンスに巡り合えるかしれやしない……。心機一転しなければ、と自分で自分に語りかけながら、滅入りがちだった帰巣の気分が華やいでくるのを感じた。

でも、こんな童話を書いたのは一体どのような人なのだろう、新聞記者なのか、いや小説や童話を書くことを仕事にしている人なのかもしれない……。

襟元を小さな風がそよいでいく。すうっと冷気が過ぎた。陽が翳《かげ》っていた。日脚が短くなってきたらしい。建物の向こうにヌタク・カムウシュペの山並みが厳かに見えた。「帰ってきた……」その思いが今度は胸の奥を締めつける。

兄夫婦と父の住む九条十五丁目の家までゆっくりと歩いた。家々の窓に灯がともされ始めた。つね子は、女学校の音楽の試験の時の事を思い出していた。

「たそがれに　わが家の灯
窓に　うつりしとき
わが子帰る　日祈る」

母の居ない家に帰ろうとしている私。多分歓迎されないかも知れない。父は相変らず闘鶏にうつつを抜かしているのだろうか。七十二歳になったはず……と、足取りはいつしかまた重たくなる。

「ま、仕方がないだろう」

兄の泰輔は一見鷹揚に構え、つね子を迎えた。嫂のツチは、雪子、君江、昇と三人の子どもを抱え、忙しい日常に振り回されていた。義妹の帰郷にもあまり関心を払う気持ちの余裕がないらしい。

「お帰り」と、チラリと白い目を向けたきり忙しそうに、家の周囲や台所を出たり入ったりしている。その後ろをやっと歩き始めたばかりの昇がよちよちと纏いつき、四歳になる君江が昇の面倒を見ようとばたばたと追い掛けていく。わあぁん、突然男の子の泣き声がした。辰幸が下駄を履こうとして上がり框から落ち、どこかを打ったらしい。辰幸はつね子の姉トメの子供だった。

大正五年、当麻の兼俊鹿次郎の許へ嫁したトメは四年後離婚した。つね子が帰旭したその年、東旭川村の中山徳之助と再婚し、やっと落ち着いて家庭を築いたばかりだった。だがそれまでの三年間には様々な憶測を生んだらしい。トメは辰幸を兄夫婦に預け嫁いだのだった。

つね子は三歳になったばかりの辰幸を抱え上げると頰ずりをした。子供は見慣れない女の人に怯え益々大声を上げた。懐からハンカチを取り出すと辰幸の涙を拭き、抱いたまま居間の障子を開ける。ただいま。端の方へ小さくなってぼそりと云った。

富三郎が殆ど白くなった頭を突き出すようにしてつね子を見た。開口一番、「山口のががさんや、兄さんに悪いことをしたとじゃろ、え、そう思わんかえ、つね」と、長キセルをぽんと叩きつけながら、親らしく小言めいたことを云った。つね子は何も悪いと思っていないと云おうとしたがやめた。充血した目の縁に目やにがこびりついている。酒焼けをした皮膚がたるみ切っている父の顔を見続けることが出来なかった。辰幸を父の膝へ下ろすと無言で奥の間へ入った。母の位牌の前にぺたんと横座りをした。

「おっ母さん、ごめんなさい」

ひとりでに手を合わせていた。銀蠅《ぎんばえ》が一匹、追っても追ってもつね子の鼻のあたりを飛び回っていた。

旭川を離れる一年半前の大正十一年、補修科を卒業する間際に、決まりかけていた町中の大成小学校への奉職は、当然の事ながら白紙に戻されてしまった。家でぶらぶらしていたつね子は、鈴木先生などの奔走で、帰郷した翌年の大正十三年四月新学期から、神居村尋常高等小学校の代用教員として採用されることになった。神居村美瑛町は旭川市内の南東の町外れにある。つね子は家から一・五キロの道を歩いて通勤することになった。

「こちらが崎本つね子先生、崎本さんには主として皆さんの不得手な音楽を担当してもらいます」

訓導兼校長の大森茂は時々黒ぶちの眼鏡を鼻の辺りで押えながら、つね子を前へ押し出した。二十畳程の職員室の奥にダルマストーブがあり、その横に石炭箱が置かれている。教頭の大きな木机がストーブに背を向けていた。窓を左側にとって八名の教員の古めかしい机が向かい合っている。窓側に据えたのは採光の都合なのか、粗末な建て付けの校舎では春に向かうこれからはいいが、寒くなると窓枠の隙間から風雪が吹き込んでくるのではないだろうか、つね子はチラとそんなことを思った。彼女は精一杯の笑顔を作って先生方の机を回り、丁寧に挨拶をした。

「水上先生の机だったの、崎本さん、ここ使ってね」

片岡千代という教師がにっこりと迎えてくれた。束髪の面長な美人だった。女教師はもう一人宮川マキがいた。二人とも三十歳ぐらいでつね子と同じ資格の代用教員だという事を、後日親しく話すようになってから知った。つね子は三月に転任した水上泰治の後任だったらしい。職員室と扉一枚で続く校長室にはがっしりとした両袖机が置かれ、正面に日の丸、その横に歴代の校長の写真が掲げられていた。

その頃、大正十三年四月東京豊島郡池袋に、風変わりな小学校が生まれ、ここ神居村小学校にまで噂が聞こえてきた。『児童の村小学校』といって子供達はこの村へ入れば、教室も時間も教材も先生さえも自由に選んで生活することが出来るという。職員室の話題は専ら野口校長の私邸を解放したというこの話でもちきりだった。つね子は隅の机に肘をついて興味深く耳を澄ましていた。

「ね、全国小学校連合女教員会っていうのが出来たらしいのよ」

片岡先生が誰にともなく云った。

「だとすると……女教師が団結するっていう事？」

宮川先生が採点の手を止めて振り向いた。

「団結してオレたち男どもをいじめるのですか」

誰かがまぜっかえす。

「ところが会長が、澤柳政太郎、なぜだと思います？」

「わかった！　国策に協力せよって事でしょ」

宮川先生が頓狂な声を上げた。つね子は目立たないように職員室を出た。所々に節目の見える廊下の板がきしきしと云う。ずいぶん古い校舎だこと。この建物の中で三百人の生徒が国策などと無縁のように学び遊んでいる。生徒の多くは一様に眉が濃く睫《まつげ》が長い。大きな黒い瞳をしていて瞳の周囲が少し窪《くぼ》んでいる。この地域の先住のアイヌの子供達だった。彼らも巣立ちの頃には国策に順応した青年に作られているのだろうか。『児童の村小学校』とはどんな所なのだろう？　つね子はそれとは知らぬまま、教育の恐ろしさを感じ始めていた。

廊下の外れに名ばかりの音楽室がある。滑りの悪い戸を開けようとしてガタガタやっていると、女の子が三、四人、「せんせい」と云ってバタバタと駆けて来た。青や赤や黒の木綿縞の短い筒袖を着ている。着古しているのだろう、色が褪《あ》せていた。つね子はやっと開いた戸に片手を掛けて彼女達に教師の余裕を見せて微笑んだ。

「何年生？　みんな」

四ねんっ、三ねんっ、と口々にがやがやと騒ぎ出す。

「せんせい、しょうじょうじ弾いてけれ」

「からたちの花、歌ってけねべか」

「な、ストトン節、弾けっぺかなって、おとうが云ってた」

子供達はこの小柄だが美人で新任の先生にまとわりついていたいらしい。つね子は仕方なさそうにオルガンの側へ子供達を集めると、証誠寺の狸囃子《たぬきばやし》を弾き出した。

「きみ、これはダダイスト愁吉らしくない健康な詩だね」

職員室へ入った途端、雑談をしていた仲間の声が飛び込んできた。

「『子供たちに』だってさ、『街を歩むとき／手をふり元気よく／おあるきなさい／夜やすむとき／足をうーんと伸ばして／おやすみなさい／ちぢこまってはいけません／日陰に咲く花のやうに／みじめに／しなびてしまいます』ふうん、署名が『ひでを』とだけあるか……なるほど」

つね子ははっとした。ひでを、ひでを、あの、新聞社の前の掲示板、トムさん、王様……。

再び旭川の地を踏んだ日、つね子が風呂敷包みを提げながら街中を歩いていた時、目の前に立ちはだかった旭川新聞社の掲示板に、トムさんのお嫁さんを王様が横取りしてしまう話が掲載されていた。『自画像』といったあの童話の作者が確か「ひでを」ではなかっただろうか。どこか従兄さんが我儘な王様に似ていると思った。あの時、山口の事はすっかり忘れようとしたのだ。明日になればすべてがうまく展けてくると信じようとしたのだった。その翌日の夕方、つね子は絹のハンカチを袂へ入れて、牛朱別川へ行った。川は兄を探しにきた七年前と同じように静かに蛇行していた。川中に所々落とされた岩のような石の周囲で渦巻くものもあれば、川べりに茂ったイグサやスゲの叢《くさむら》に誘われたのか道草をしているものもある。つね子は河原に腰を降ろして四辺を見た。そここでハマナスの実が朱い。ススキが若い穂を覗かせている。前方にカムイ・ヌプリが見えた。トウシ山、シアン山、チカップ、ニナイ山、声に出して云ってみる。山は何もかも解っていてくれただろうか。

ヨシの葉が少し揺れた。風が出てきたようだ。あ〜ぁ、立ち上がりながら両手を大きく広げた。右の掌の中で亜麻いろがひらひらした。つね子は足袋を脱ぎ、着物の裾を端折ってそろそろと浅瀬に足を入れた。

あっ、吃驚する程冷たかった。透き通った川底の小石の間から、足型の分だけ砂が煙りのように立ち上がって流れの中へ消えた。川砂を運び去った流れの真ん中へ力を込めてハンカチを放った。亜麻いろのハンカチは小花の刺繍をきらりと光らせながら岩の傍へ落ちた。だがすぐ渦の中へ消えた。つね子は、『亜麻色の髪の乙女』というドビュッシーのピアノ曲を思い浮かべていた。

「ダダイスト愁吉だなんて、気負った奴だな。しかも悪魔詩社だってか」

「先生、その方って小熊秀雄とかいう新聞記者の？」

謄写版を刷っていた宮川先生が振り返る。

「そうです、ヤツ、いろんなことやってるみたいですよ、詩や短歌欄に自分の作品を出したり、最近は『魂』っていう中学生の回覧誌の指導をしてみたり、チルチル童話会とやらも始めたようだし……そうか、この『子供たちに』ってのは童話ジャンルの系列ですかね」

「そういえば国技館で小熊が『大クラウスと小クラウス』とかいう口演をやるそうだね、六年の竹蔵が云っていたな、行って冷やかしてきませんか宮川先生、崎本先生もどうです？」

国語のエキスパートを自負する教頭までもが雑談の輪に入ってきた。

「教頭は女先生ばかり誘うんですか、ははは。危うきに近寄らずの方がいいですよ、崎本先生。何せ、黒珊瑚はいいとしても、悪魔詩社だの醜吉だのってペンネームでじゃんじゃん書きまくるんですからね、美人の崎本先生なんか筆禍を受けること間違いなしですな」

「おい、こいつはどうだ、ダダイスト愁吉らしいのがあるんだが、『月のない／明るい夜／あいびきの女がどこかのくらやみにひそむ／あおじろい夜／笛が鳴って／按摩の笛が鳴って／きえてしまった月夜／いるみねーしょんの松の樹に／首くくりの首が／のびたり／ちぢんだりしている夜である／なやましい月夜である』……」

「『学校自慢くらべ』や、『秋の夜の無駄話』なんてのは、首を傾げたくなるような内容ですよ。モデルにされた方はたまったものじゃあない」

「でも女学生にはすごい人気だっていうじゃありませんか」

謄写版を片づけた宮川先生がお茶の用意を始めた。つね子は自分の机から立ち上がって汚れた湯呑みを盆に載せると廊下へ出た。窓の外で樹々が色づき始めていた。ナナカマドが小さな青い実をつけている。中庭で子供らが戦ごっこをしていた。捕虜にされたアイヌの男の子が後ろ手に縛られながら笑っている。歌の上手な五年生の生徒だった。

青い掌の騎手

しのびやかに聞こえていたお囃子の音色が乱れると、太鼓の重い音が高い空を引き摺り落とした、神輿《みこし》の行列は、軒庇の低い家並みの中で一軒だけ艶めいている酒屋の角から、ふいに現われた。

第七師団練兵場へ続く道筋は、農道が切れる辺りから幅員が広くなる。赤ダモや、ハンの木に交じって、葉を落とし始めた白樺の幹が見え隠れし、道の両側ではトタン屋根の宿舎が陽を撥ねていた。招魂社の前方にぬうっと石狩川が現れた。大雪山系の小さな渓谷をくぐり抜けてきた牛朱別川との合流地点である。

つね子は桔梗《ききょう》いろの地に絣を走らせた袷の裾を小幅に捌《さば》きながら、懸命に歩いていた。時折、立ち止まって腕時計を見る。約束の二時に遅れそうなのである。こちらから云い出して怜子《れいこ》に仕事の都合をつけてもらった大切な一時間だった。意外と時間には厳しい怜子のいらいらする様子が目に浮かんでくる。

一昨日の放課後、珍しく一人になった職員室で朝、出掛けに配達されそのまま帯に挟んできた秀雄からの手紙を読んだ。

「……ちかごろ堪えられぬ憂鬱にかかって少なからず苦しんでいます。人生と立体ということに就いて、多くの悩みを抱えていました私が、ふと、人生が平面だというひとつの信念をさいきんもつようになったのです。ずいぶんと狂気じみた逆説なんです。人生は唐草模様だ。どこかに哄笑《こうしょう》が聞こえます。弱々しい狂気は愚にもつかないこととは思いますけれど、蛇のような執拗ななやみが燃えて、わたしを焼き尽くそうとする憂悶となるのです……」

蛇のような執拗ななやみ？　読み返しながら思わず胸に手を組んでいる。どきどきと動悸が速くなる。達筆な黒い男文字だった。心なしか行間が揺れて見えた。人生、立体、平面、そして狂気、逆説？……。眼鏡を押さえて手紙を凝視する。集中して何とか文章を理解しようとすればする程意識の周りに赤い霧が立ちはだかってくる。つね子は頭を抱えて机に臥した。なんて深遠な、そして贅沢《ぜいたく》な悩みを抱えている人だろう。自己の心の底をそのようにしてまで見極めなければ人は生きていけないものなのだろうか。彼女には秀雄の悩みが今ひとつすとんと落ちてこないじれったさがあった。

よれよれの袷の肩を聳《そび》やかせ、薄汚れた袴で闊歩しながら自信に満ちていた小熊秀雄、黒い瞳と湖の底のような深いまなざし。エキゾチックな横顔、ちぢれて花開いていた髪、噎《む》せ返る青草と藁束との混じりあったあの匂い……。あの日、旭川ビルディングでの美術展の帰路、吸い寄せられるように従いて行った秀雄の下宿でつね子は激しい彼の情熱の渦に巻き込まれていた。乳いろの薄靄《うすもや》の中で自分自身の蜃気楼《しんきろう》を見たような不思議な体験だった。校宅の居間で電灯のスウィッチを捻って初めて我に返った。どうして帰宅したのかいくら考えても思い出せないのである。

「僕と結婚したら不幸になりますよ」

と囁かれた時、それは身の竦むような怖れと不安と、総身での悦びと震えるような期待の混じり合った思いがけない愉悦の瞬間をつね子に与えてくれたのである。

「崎本先生、まだ居られたんですか」

息を弾ませて同僚の坂本が入ってきた。つね子は慌てて身を起こした。独り者の坂本は「おれ、当直なんだよなぁ」とひとりごちて教頭の机にもたれた。ぱしっと音を立てて書類を置くと、その勢いで自分の席に戻ってどっかと座った。それから机の上に積み上げられた生徒の綴《つづ》り方に目を通し始めた。つね子は坂本に挨拶をすると校舎を出た。襟元がひやりとした。学校の前の原っぱですすきが揺れている。左手のトウシ山が茜《あかね》に染まっていた。赤い靄のようだと思った。

　息を切らして三条通りの角を折れた。腕時計を見る。約束の時間を十二分過ぎていた。つね子は背伸びをして中を覗きながらユニオンパーラーの扉をそっと押した。戸外の明るさに慣れた目に、ブラインドを降ろした店内は見分けにくかったが、半数ほどの席に客が居るらしかった。怜子が見えない。怒って帰ってしまったのかしら。目が慣れてきた。あ、弓状に折れた衝立の奥で紫煙が揺らいで見えた。やはり怜子だった。

「ごめんなさい、遅くなって」

　つね子は大仰に両手を合わせると腰から先に滑らせて浅く掛け、怜子と向き合った。怜子はジロリとつね子の帯の辺りに目を止めてから無言で顎をしゃくった。ウエイトレスが近づいてきた。

「ほんとに、ごめん。山車に気を取られちゃって」

　身振りで怜子と同じコーヒーを注文しながら相手の顔色を窺《うかが》った。

「お祭り？　子供でもあるまいし」

怜子は煙草を取り出すと軽くとんとんと揃えた。灰皿を引き寄せながら覗き込む。

「ねえ、佐賀錦でしょ、もしかして彼から？」

煙草をくわえるとシュッと燐寸《マッチ》を擦った。今度は顔を反らしてつね子の帯締めを凝視している。嘘は許さないぞと云っていた。

思わず目を伏せた。頬がひとりでに赤らんでくる。

「照れなくたっていいじゃないの。小熊さんとその後どうなっているのかって、これでも心配してあげてんのに……」

足を組み替えながら怜子がふっと煙を吐く。丸い輪が銀色のヘアバンドの辺りに漂った。

「ありがとう」

顔を上げながら小さな声で云っていた。

「帯締め……ご賢察の通りよ、小熊さんから戴いたの、お姉さんのだったそうだけど」

「あ、津村ハツさんね」

怜子が身を乗り出した。

「？」

「タマエって源氏名で評判の美人芸者さん、旭川新聞社の田中秋声社長なんか凄いご贔屓《ひいき》よ。ふうん、崎本さんもうそんなお付き合いしていたの」

上を向いてもう一度煙の輪を吐きながら怜子が呆れたような目でつね子を見た。

「違うのよ、手紙のやりとりはしてるけど、会ったのは一度だけ。難しい話ばかり聞かされたわ。エピック……ね、詩が短くなって絵画的印象に止まると命を失うんですって、そして叙事詩が次の時代の主役になるっていうような。だからお姉さんの事だって全くの初耳よ。あなたの方がずうっと……そうよ、怜子さんて新聞記者みたい」

「地獄耳？」

「そうねぇ、知りたいなあ、小熊さんの色々……」

「本気なのね。いいわよ、聞いてみてあげる。旭川新聞に知った人がいるから。でも今日は駄目。あ、あなたのせいで時間切れになっちゃった……」

怜子は腕時計を見ながら腰を上げた。つ、とつね子の傍によると耳許で囁いた。

「一つだけ、あなた結婚を考えているのだとしたらよっぽど覚悟しなくちゃあね。あるイミで不幸に振り回されるかもしれなくってよ。新聞社の中にも外にも巷《ちまた》にも、あの男に憧れている女性がわんさといるんだから不思議ねえ」

怜子と別れてパーラーを出ると人通りで賑わう四条通りを回った。師団通りと呼ばれているだけあって佩刀の青年将校らしい軍服姿が闊歩している。町外れの招魂神社の祭りの昂ぶりが町を活気づけ人々を浮き立たせていた。祭りは何かの都合で今年だけ十月に行われたらしい。五条通りへ折れようとしてふと立ち止まった。父の富三郎から「この頃さっぱり寄らねえでねえか」と詰《なじ》られていた。小遣いが足りなくなったのだろう、寄るにしても、とつね子は菓子舗のウインドウを覗き込む。嫂のツチの手前手ぶらでは行けないし、でも、そうだわ、早く帰って、小熊さんから借りているロンブローゾの『天才論』も読まなくちゃ、それに書店に行って島田清次郎の『地上』と遠地輝武の本を探そうと思って出てきたのだった。たしか遠地さんのは小熊さんが『夢と白骨との接吻』とか云っていたはず、ダダイズ社から出たんだって……有島武郎の作品世界辺りなら入りやすいのだけれど、ダダイズムなんていくら読んだって理解出来そうもない。でも……やっぱり書店へ寄るとしよう。つね子の脳裡《のうり》からはとうに九条十五丁目の父や兄夫婦の居る実家へ行こうと思ったつい先程の心遣りなど消えてしまっていた。歩きながら彼女は秀雄に宛てて昨日投函したばかりの手紙の中身を心の中で何度も思い返していた。

「三分か四分かのデカダン、かダダ的かの気持ちを持っていましたため、お伺いいたしましたのではございましょうけれど、やっぱりあの、有島さんや、武者小路さんの影響を多く受けておりますことは自分にもはっきりわかります。結局、それはお興ざめな……。お邪魔いたしましたことがお気の毒だったと存じております。も少し素晴らしさが多かったらですけど。ダダイズムの意義を間違えている様でございましたらお許しくださいまし。ご本は拝見次第持って上がるつもり、でおります。(もし間違えておりましたら何という失礼でしょう)」

背伸びをしようとしたかしら、可愛げのない手紙と思われたかしら、臆面もなく。いやいやそうではない、私の中にいつ頃からかダダ的なものが芽生えていなかったと胸を張って云えるだろうか……。あの人達の醸し出す危険因子、それは何かを越えようとするエネルギーなのだろうけれど、あの雰囲気にどこかで惹《ひ》かれている自分が居たのではないか？

知らぬ間に干し草を山のように積んだ馬車のあとを追っていた。赤い靄の立ち込めた夢の中を手探りで歩いているような気持ちだった。

風呂敷包みの中の本を大切に抱えたつね子が学校の見える農道を横切ろうとした時、刈り取られた稲田の向こうの林の陰から渡り鳥の隊列が飛んできた。夕空に遊ぶ赤い靄のような雲を背にして鳥達は前に後ろに隊列を組み替えながら校舎の屋根を越えていった。家の側まで来ると校宅のあちらこちらから夕餉《ゆうげ》の匂いが漂ってきた。つね子は古い木枠の戸に手を掛けてぐいと引いた。ゆらり、何かが飛んだ。あら、慌てて拾い上げる。裏を返すまでもなく封書の宛名は秀雄の筆跡だった。抱きかかえて居間へ入る。風呂敷包みを投げ出したまま、横座りになって封を切った。こはぜを外した足袋を片手で隅へ押しやりながら慌ただしく目で追った。

「いま　静寂な真夜中の雨のなかに　桜の花に似た　うすいろの　かの人におくる詞をつくる　ふしぎな感情でいっぱいです　人生がきまぐれでダダがきまぐれで　あったとしたなら　気まぐれなダダの気もちから　あなたとお逢いしたということが　なんというくるしい気まぐれな　運命の水に漂う　青い魚となったのでしょう。

ただ　わたしの感じましたことは　いち面識もない　未知であった　あなたへ　失礼にもこうして手紙を差しあげる　ということです。

　濃霧のなかをさまよう人々が　ひとつの鎖となって　しっかりと　したしみ深く手をにぎりあっている不思議な人生の　運命のつながりを　恐ろしく思ったことです」

　つね子はぎゅっと手紙を握り締めた。会いたい、と思った。会ってあの黒い瞳に吸い込まれたいと思った。胸うちに揺らめいているこのダダ的な赤い靄のようなものの正体を確かめたい、何なのだろう……もしかしたら、トメ姉さんと同じ血が私の体にも流れているという事？　おお、恐ろしい、私の思っているのはそんな次元の事ではないの、だったら何？　姉さんは自分にいちばん正直だっただけじゃないの？　つね子、だったらお前は良いの悪いの恐ろしいのと、自分が納得したわけでもないのに学校で生徒に教えている修身の国定教科書のようなお仕着せ通りに生きていくつもり？　そんな事であの悪魔詩社小熊醜吉を名乗るダダイストと太刀打ち出来ると思って？

　怜子の声のようにも思える。まわりで赤い靄がだんだん広がっていった。赤い靄はつね子を核にしてぐるぐると回り始める。私は見えない。私はどこへ行くのだろうとつね子は思った。


　六条七丁目の小林かもじ店の前にいた。日曜日を待ってつね子は大和屋を訪ねる事にしたのだった。やはり、電話を入れてからにしよう、かもじ屋の店先を覗いた。老爺が眼鏡をずり上げてこちらを見た。目礼をして入り電話を借りた。

「こりゃあ、天女降臨ですな、どうぞどうぞ、いらっしゃって下さい、ご遠慮なんかおかしいですよ」

　弾んだ秀雄の声がつね子の胸を波立たせた。夢見心地で受話器を戻す。壁にどっしりと取り付けられている頑丈な電話器が抱き締めたいほど愛しく思えた。本の包みを持ち替えると老爺に礼を云ってかもじ屋を出た。大和屋に着いたのは二時少し前だった。

「とつぜん伺いまして」

　薄っぺらな座布団を横に退けて、擦り切れた畳の縁に手をついた。菖蒲《しょうぶ》柄の銘仙の前をたくし込んだ膝頭が小刻みに震える。

「止めてくださいよ、つねさん、他人行儀な」

つねさん、と呼ばれてはっとした。秀雄が手を取ろうとした。つね子は、つ、と身を退く。秀雄は頓着なく彼女の前に胡坐《あぐら》をかいて座りながらにっこりと笑った。

「丁度良かったです、さっき北修が帰ったばかりなんですよ。奴も過激ですからねぇ、僕と話していると喧嘩《けんか》でもしているかと思われるでしょうから。だがしかし、北修の惚れていたオットー・パンコックのクレーの話、チャーミングだったな」

「クレー？　高橋北修さんが？」

つね子は居ずまいを正しながら秀雄の目を捉えようとした。

「そう、パウル・クレーだ。クレーは制作の際、その材料の中に入り込む。即ち彼自らが彼の前に横たわる所の紙となる。そしてその紙から思想と感情を受け取る。彼は自ら赤い色青い色の生活をする」

つね子の手を取ろうとした事など忘れたように、骨張った両の膝の上に腕を構えて胸を張った。秀雄の宙を泳いでいた目がすうっと焦点を絞ってきてつね子に視線を向けた。あの湖のように深い瞳ではない。ギラギラと獲物を狙う鷹《たか》の目だった。つね子は両の袂で膝を覆った。突然秀雄が立ち上がった。彼は吸い殻のたまった灰皿を持って流しに置くと机の上のノートを取り上げた。ノートを開くと立ったまま続ける。詩人の苦悩を一人で背負っているような顔をしていた。

「パウル・クレーは自分の周りに紙だの油絵具だの水絵具だの窓掛の屑だのをいっぱい積んでいるという話である。彼は描き散らし骨を折り、また時々はヴァイオリンを弾き始めたりする。そしてテクニックの完成と共に一枚一枚次々に、丁度アラビア馬と同じように二世紀にわたる賢い淘汰の結果が出来上がる。これらの夢はきれいに張り付けられ番号を打たれて、買い手や売り手の壁に掛かっている。しかしこれらの夢は急いたり焦ったりしない。パウル・クレーは眼を閉じて彼の心臓が自ずから花開くのを待っている。彼は取り引きしたり嗅ぎ回ったり焦ったりする戦いの群れに属さない……か」

秀雄はぽんとノートを投げ出すと腰を屈め、どさりと胡坐をかいた。くたびれた細縞の長着の裾がはだけて貧弱な脛が覗いた。つね子は眼の遣り場に困って風呂敷包みに目を落とした。ゆっくりと結び目を解いてから借りていた本を取り出して畳の上に置いた。上目遣いにそうっと見る。人生が立体だとか平面だとか悩んでいるのが本当にこの人なのだろうか、と思った。

「これはね、崎本さん」

秀雄の瞳からギラギラが消えていた。つね子は、「はい」というように頷いた。

「オットー・パンコックのこの文は村山知義という演出家が訳したのだが、この人はカディンスキーを捉えてね、色と形を音楽と同一視して平面上に『色と形のオーケストラ』を作ろうとしたのだというのですよ、あなたもそう思いますか」

はっとした。まさか突然矢が放たれるなんて思ってもいないではないか。

「ええ、でも……難しくて、よくわからないわ」

目を伏せた。畳み掛けるように矢が飛んできた。

「カディンスキーの『色彩とフォルムによるシンフォニー』というのを御存知ですよね」

「存じません」

「非常に美しい絵ですよ、あまりに模様的であり過ぎると云われているが」

「ずいぶんお勉強家なんですね、小熊さんって」

つね子は羨望に少しの不満を込めて云った。秀雄は悪戯っ子らしく首を竦めた。

「北修の受け売りですよ、半分は。彼は赤曜社の事務局長、れっきとした絵描きですからね、理論武装している、詩も書いてるさ、この一月に『或る晩』ってつまらないのなんか発表してますがね」

「五月にご一緒に上京なさったとか、東京はいかがでしたの」

「柳行李いっぱいの詩稿を持っていって駆けずり回りましてね、死にもの狂いでした」

「で？　売れましたの」

「もちろん！」

と膝を叩いてカラカラと笑った。

「売れなくてね、北修の金で毎晩酒場を梯子して議論をぶっかけてた」

「……」

「ある日、川路柳虹が『焼かれたさんまの詩』を買ってくれた。オレは北修に飛びついた」

「そうでしたか、私も実は吉祥寺の体操音楽学校へ行きたかったんです、女学校の先生に勧められたのに兄が反対して……今でも悔しいんですの」

思いがけず素直に言葉が口をついて出た。秀雄が優しい眼差しをした。

「僕が必ず連れていってあげますよ、さあ」

云いながらつね子を引き寄せようとする。つね子が身を強張らせた。彼があっさりと退いた。

「ところで、と……」

秀雄は急に立ち上がると、今度は彼女の両肩に手を置いて重々しく云った。

「つねさん、出かけよう、右から左へ精神を移そう、夜は赤く見事に空に映っているはずだ。不安は霧だ、混濁だ、濛々《もうもう》たる不安の煙の中に意志を停滞させてはならない。こんなむさ苦しい部屋から僕達のための美しい夜を脱出させなければ、さあ、我々はもっとも旋律的な場所へ行こう。老いたるものにとっては苦痛の世界だが我々青年にとっては感動の世界である所へ」

「赤い霧……いや赤い靄の中へ参りましょう」

反射的に立ち上がっていた。胸の奥から灼熱の炎が突き上げてくる。炎が靄になって広がっていった。赤い靄に囲まれたつね子は自然に彼の薄い胸の中に倒れた。不思議なこの人の情熱に焼かれてしまいたいと思った。

秀雄に抱えられるようにして大和屋を出た。通りはまだ明るく、勤め帰りにちょいと立ち寄る小料理屋の暖簾が今掛けられようとしていた。買い物籠を下げた女達の目を避けるようにして、つね子は五、六歩程後れて秀雄のあとから俯いて歩いていった。

【つね子から秀雄へ】

大和屋様内　小熊秀雄様

「ふとした考えの足りなさから、あなたの悪魔の世界の使者になって来たことを苦しく思います。おお、何という不注意なことでしたでしょう、も少し慎重であったならば……。あなたの悪魔の世界に住むもののうちでは一番、あなたの世界に好意を持つものではありましょう。しかし、その心を隠して悪魔にはびこる、やっぱり悪魔の世界の人間です。考える程、自分はこの世界に住むのが……自分にとって最もいいに違いないと考える……、

（一番　卑怯な　一番　小利口な）あなたの最大の罵倒を浴びるべき人間です。

又、もし私が私だけであったならば、或いはあなたの世界に入ったかも知れません。しかし、私のすべてはあなたの悪魔の世界に住む一人に、すべては吸収されているのです。あなたの悪魔の世界への別れは、私の死です。

こう、名乗ってからは……もう、申し上げることはありません。

せめてにも、このお手紙でもたたき破って捨ててください。

心ひそかに苦しんでいることだけにでもよって……。

すべてをお許しください。　おゆるしください　T」

小熊秀雄さま

「私の前から消えて下さい。

私にとってあなた程おそろしい人はありません。それは私に、余りに共通点が多いからです。……私の楽園への心に触れないで下さい、……苦しめないで下さい。

私の前から、のいて下さい。私の過失を苦しんでおりますからどうぞ、このままお許し下さい。

さらば　T

大正十三年十一月二日

四月には　再び温い国へ　帰るものです……」

【秀雄からつね子へ】

「嵐がやってきた。なんという　わたしの期待していた　すばらしい破たんがやってきたのだろう

（ひょっとした心の空虚に乗じて）

それはわたしもふしぎな感覚の草のように　のびてきた発端です。しかし　あなたは

わたしがあなたにたいして　どんな色と　どんな姿のものを求めていたかを　誤解していらしたようです。

わたしは太陽を熱望するように

わたしは火のようなあなたに　友情を求めていたのです。

しかしわたしは　あなたからの　すばらしい最後の手紙によって　友情を投捨てま

す。そして　もっともっと　もっと熱烈なちがった感情を　あなたに求めるようになったのです。なぜいま暫くあなたは　虚偽と不純とを続けてくれなかったかを恨みます。

(ダダは臆病で泣虫である)
弱々しきあなたは　ダダイストです
弱々しきわたしは　サタンです
最後の手紙を愛します　わたしは破滅も孤独も寂寞も恐れはしません。それはわたしのながらく　つづけてきた　食餌である賛美であるからです。たとえ　あなたにどんな理由があったとしても　たとえ　あなたが人妻であったとしても　また路傍の人のわたしに対して　ひややかな感情であるとしても　わたしにとっては　なんの理由にもならないでしょう
　永久に、間断なく、わたしは青い掌の騎手です
(わたしはあなたを　遠くから射撃しています。)
(わたしはあなたを　遠くから射撃しています。)
(わたしはあなたを　遠くから射撃しています。)
　永久に　間断なく

ただ、あなたの楽園の不意のちん入者であったことを後悔しています

あなたのパラダイスに祝福あれ　　　さらば　　○

十一月三日

崎本つね子　さま」

野分に押し倒された向日葵《ひまわり》の大きな葉が、樺いろにちぢれている。役目を終えた気安さからか校舎の花壇に素枯れて臥す様々な晩秋の顔を横目にしながら通用門をくぐった。

つね子はどこを歩いていても青い掌の騎手に遠くから射撃されている自分を感じるのだった。いっそのこともう一度、山口県愛宕町の伯母の許へ行こうか、あの母の故郷の温かさに包まれて穏やかな一生を終えるのもいいかも知れない、愛宕小学校ではオルガンの弾ける助教員を欲しがっているという。草履を脱ごうとしてはっと気づいた。そうそう四時間目の音楽の指導案が出来ていなかったのだ。昨夜はついに一睡も出来なかった、彼のあの魂を揺さぶるような激しい手紙が私を眠らせてはくれなかった……あの人の世界から逃げることなど出来ないのかも知れない、この小利口な卑怯な悪魔かも知れない私を裸で投げ出せるのはたった一人のあのダダイスト青年なのかも知れない。

渚に寄せては打ち返すさざ波程にもつね子の想いは波立つ。教室へ入った時、つね子の

脳裡から愛宕村の事はきれいに消え青い掌の騎手がちらちらと見え隠れしていた。

「いいですか、優しい心で歌いましょう、怒鳴っては駄目よ、ほら、トウシ山の夕やけを思い出してごらん、赤い空よ、……夕やけ小やけぇのあかとんぼぉ……」

オルガンの椅子を引き寄せながらつね子は澄んだ綺麗な声で歌ってみせる。

「先生！　フラットが三つ付いてんのこれ何調ですか」

突然、大人びた女子生徒の声が飛んだ。この神居小学校で唯一旭川市内から講師を呼んでピアノを習っている地主の家の孫娘だった。出鼻を挫かれてつね子は鍵盤に置いた手を止める。隙があったと思った。指導案も作らないままでまあ歌わせていれば何とかなるだろう、と軽く考えていた心の中を見透かされてしまっていた。そう云えば何となく教室がざわめいている。こんなことで教師を続けていっていいのか、ふっと弱気が頭を擡《もた》げる。

「ええと、変ロいや変ホ長調って云います」

しどろもどろ答えてしまっていた。解らない子もいるのにフラットの説明もしないで。

「あたりぃ」

女子生徒の甲高い声に続いてくすくすと生徒たちの忍び笑いが広がる。いけない、これではペースを崩される……。

授業を早めに切り上げて職員室の前まで来ると中から話し声がした。戸を開けると宮川先生と片岡先生が同時に振り返った。二人ははっとしたように前を向いて居ずまいを正した。来客用のテーブルの上に無造作に新聞が開かれていた。

『学校自慢比べ』小熊秀雄のコラムである。そうか、宮川先生たちは小熊秀雄の噂をしていたに違いない……。つね子は女同士の勘で多分私の事も取り沙汰されていたに違いないと思う。土曜日曜日ごとに校宅を留守にし、夜遅く男に送られて帰ってくる彼女の事が同僚の間で囁かれていることは、気配で感じ取ってはいたが……、それに今日の授業のような体たらく、私は今、私の大切な魂を金縛りにされたように小熊秀雄に囚われている。だがそうやすやすと魂を渡すわけにはいかないのだわ。あの人の真実を手にするまでは。だって善良な人間は恋をするにも打算的なんだもの。

【秀雄からつね子へ】

「（略）子供のように駄々をこねてどんなにご迷惑なことでしたやら、でもあなたもわたしに負けない駄々っ子でしたが。なにもかも　はっきりと　あなたのすべてを知り尽くした幸福をかんじました。あなたもまた　わたしの全部を知り尽くしたこととぞんじます。（わたしはあなたの考える以上に凄い女なんですから）こう強い言葉のしりから、あなたは自分の弱々しさと純情とをあきらかに見せているのです。でもこうしたふくざつな　屈折のある過程を経てお互いがここまで歩いてきたうちに　ずいぶん不思議な強さとそれは殆ど自分のものとは思えないほどの。あったことを考えられましょう。

わたしはかなり疲れています。（略）

あの夜ひとつのかつて味わったことのないような異常な感覚をわたしは知りました。それは　あなたをお送りして沈黙の街を歩きました。鉄道線路がありましたね。わたしはあの白くひかった線路の上で無意識に立ち止まった感情です。あのとき　あなたも立ち止まったようでした。

（わたしの悪魔は　死にたいして　たくさんの反抗と笑いと　そして死線を越えた生存の苦悩を讃えていたのでしたが）

あの瞬間ほど死を無造作に感じ、生の無価値を思ったことがありません。いまだにあのときの感情が不可解なものです。もし死を憧憬し賛美の思想が事実であったとすれば、わたしの人生観がひっくり返ってしまったのです。わたしはわかりません。わたしはかなり疲れています。（略）健康が朽ちていくような気がしてなりません。

ちかいうちにぜひいらしてください　もうあんなにいじめませんから　なんだかあなたがあれきりで　もうおいでにならないような気がしてならないのですもの。だがあなたがまだわたしを信ずるときの来る日まで待つばかりです。かなり疲労していますから。

十日夜

崎本つね子さま」

【つね子から秀雄へ】

「お兄様、私も学校　休んじまいました。あなたの熱情は　あきらかに　さめました。しかし　それが　私の　勝ちになったのか　敗けになったのか　わからない。

いいお友達、どちらも敗けっこありませんのね。だけど　もういい加減　お友達か妹にしてください。それは私の敗けに　なるのかもしれないけれど……

敗けてもいいいから　妹にしてください。　つね子」

「愛を求めていることは　おわかりになりましょう。信じたがっていることも　おわかりになりましょう。

だけど恋はしません　あなたの仰ったことが　ほんとうでしたら　倒れたむくろが息　をふき返すまで　つめたいなきがらにも再び　血の流れだすまで　このまま妹で

おいてください。余りお悪いようでしたらいつでもお見舞いに上がります。

十二日　　つね子」

「（略）色んなことを遠慮なしに　だんだん申し上げますよ、ね、ダダのお兄さまはこんな事は　大きらいでしょうけど、私はうれしくてたまらない、では　又、早く元気を出して下さいね。ずいぶんエゴでしょう、でも愛して下さるなら仕方ない。

つね子」

【秀雄からつね子へ】

「なんだか私は発作的になっているようだ。一本の手紙を書くうちにも　なんべんとなく嵐がやってくる。呼吸苦しくなってくる。どうか失礼があったらゆるしてください。

わたしは　あなたから　魂を盗んでしまった、あなたはそれをゆるさない、また罪をゆるしたともいう。私は不安な死に直面している、断定のない審判に苦しんでいる。だが　誰がこの囚人の心臓も傷つけた　わたしの傷がすっかり治ってもわたしのその痕は深い。永久に盗んだ魂は返すものか。

私の愛らしい　恋人よ　妹よ、急に嬉しくなってきた　もう何の彼のと言わないよ、これから服をきて出かけます。私のいんきな室に　今朝は久々であかるい日光で輝いています。どっちも敗けっこのない二人、だが　あなたは女だから敗けて欲しいと思うのです。

優しい私の妹よ　十三日　朝　秀雄」

「エゴも　エゴも大エゴ　あなたのようなエゴはすくない。だって私が敗けて手紙をあげなければ　自分から下さろうとしないんですもの。そのくせ私が差しあげれば二本も下さる癖に　だからエゴなんですよ（略）トルストイのいう（原始的な　無羞恥な　動物的生命の喜ばしい感情）で、なにもかも　子供のように話したいのです。冷ややかな理性の忌わしい使徒になることは　もういやですもの。

さようなら　十四日　秀雄

それから、土曜日の五時から　会議所で音楽会があります。でていらっしゃい　おいでならば立ち寄って下さい」

【つね子から秀雄へ】

「（略）私は　幸福である筈の乙女時代　を　あらゆる珍しい程の悲惨な生活をして参りました。母は死んでいましたし、父の愛も、兄弟のなつかしみも凡ての涙と温みを知りません。只、与えられない憧れであるだけです。私を知ってそれでも愛してくださる方があったら不思議です、私には信じられません。（略）取りすがる所もない様に　あなたからつきはなして下さい。少しでもやさしく仰れば丁度　今の幻想の人の様に　醜くしつこく、いつまでも離れません、こんなもののために　あなたの大事ないのちを浪費しないで下さい。（略）そして私には　姉が狂ってる時生まれた　姉さへ父を知らない　甥がいますから　その子が私の様な　悲惨な性格にならない様どうかしようと　いつまでも思っています。三つか四つでもう傷付いている魂を見るとたまりません。（略）どんなに　ぐわんめいだ　と言われても仕方ありません、そうです、あなたの一番　お嫌いなものです、あなたが私を正直に憎んで下すった時、私は、一番あなたが信じられてきます。

十一月二十二日」

　怜子から電話が来たのはトウシ山がすっかり雪化粧した朝だった。その前夜、九条十五番地の兄泰輔からも「話したい事があるから一度来るように」と言伝があったばかりだった。いよいよ秀雄との事をはっきりさせる時が来たのだと思う。つね子は自身の中に整理出来ない思念がとぐろを巻いているのにと憂鬱になる。だが何時の間にかまた鬱勃《うつぼつ》とした想いが湧き上がってくるのだ。もしあの人の愛が燻《くすぶ》っていたとしたら、私はピエロ、早くこの火を消さなければ、でも今さら私はあの人の妹であることなど出来やしない、たった一人の恋人でいたい！　こんなに切なく苦しいほど、願っている……。

　座布団を二枚重ねて敷いても、ぞくぞくと寒気が押し寄せてくる。薪ストーブが消えかけていた。つね子は押入れを開けて母の形見の海老茶いろの角巻きを引っ張り出した。すっぽりと冷えた体を包む。空気の層が少しずつ温もりを運んでくれた。彼女はそのままの姿勢で机に向かうと、はあっと白い息を吐きながら、秀雄への手紙の続きを書き始めた。

鳩時計

　重くのしかかるような氷柱がひしゃげていく。湿った雪まじりの風は憂鬱そうに、貸家用に建てられた一棟二戸の板張りの胴腹を打ち続けている。感じながらすぐそこ迄来ている足音を捉え切れないもどかしさに季節が喘いでいるようだった。

　牛朱別川が石狩川に合流する地点に大きな橋が架けられている。旭橋といった。橋を渡った右下辺りに二棟、崎本の貸家があった。今は禁治産者にされた父が建てた資産を当主の泰輔が管理している。一家は知人に任せていた町外れの雨紛の家へ移らねばならない事情が出来ていた。九条十五番地の自宅に併設したこの貸家の入居兼管理者には然るべき身内の者がいいのだがと泰輔は思っている。その矢先、樺太へ渡ったと聞いたきりで音沙汰のなかった妹の連れ合いの秀雄が、再び旭川で仕事を探していると小耳に挟んだ。だが秀雄だけがなぜ？　泰輔は兄の反対を押し切り、強引に要求した三百円を手に三文文士の新聞記者くんだりと結婚してしまったつね子を、一度は義絶しようと思ったこともある。だがたった一人の妹をそう簡単に思い切ることも出来はしない。そんな朝、食後の番茶を啜っている時、長女の雪子が嬉しそうに女学校の制服をかざしながら、

「つね叔母ちゃん、男の子生まれたんだって」

　と母親に話している。思わず振り返って云っていた。

「雪子、それほんとか？」

「うん、もうすぐ十日ぐらいしたら旭川へ帰ってくるよ」

「誰がそんなこと云ったんだ！」

思わず語気を荒げていた。オレの妹の事がオレの知らない所で世間様の噂になっている……。

「パーラーへ行った時……怜子さんていう人に」

みなまで云わせず目を剝いた。

「何っ、中屋菓子舗の二階へ行った？　子供の分際で！」

摑みかからんばかりである。ツチがすいと立ち上がった。

「いいんでないかい。あんた、雪子やっと、女学生になるんで嬉しい時だもの、それよかねえお父っさん」

云いながらあっちへ行け、と雪子に手真似で合図をする。

「つねさんが来るんならこの家に住まわせたら？　雪子をさここへ置いていかねばねえでしょう。雨紛からだとさ北都女学校さ通うの無理だもの、小熊さん達と一緒だと……」

泰輔がばしんと卓袱台《ちゃぶだい》を叩いた。荒々しく座を蹴る。

「女が余計な口出ししやがって」

ぴしゃっと襖を閉めて居間を出ながら捨て台詞を吐く泰輔の語尾に力がなかった。

大正十五年三月、つね子は旭川に居た。九条十五丁目右八号が彼女達の住まいだった。そう、旭川新聞社へ復職がかなった夫秀雄と泊居《とまりおる》の三木清治郎の許で生まれた生後七十余日の長男「焔《ほのお》」と、一棟二戸の崎本の貸家は玄関の脇に四畳半、八畳の居間続きに六畳の座敷があった。隣には外山さんという雪子の同級生の父娘が住み、雪子が外山さんの家で寝泊まりをしていた。つね子のいる家の四畳半は雨紛の生活にすぐ飽きて町へ出てきたがる父富三郎の部屋に使われた。

トウシ山の残雪が心なしか薄汚れて見える。灰色の空がぐずつきながら落ちてくる目の前に野川牧場の木柵が傾いている。まだ牛は繋がれてはいないその向こうに牛朱別川の流れが見えた。雪解水が盛り上がって音を立てていた。旭川の中心地から離れたこの辺りでは春はもう少し先のようだった。突然、家の外で騒々しい音がした。つね子は漸く寝ついた子供を憚るようにして外へ出た。あれぇ、思わず両袖を掻き合わせる。禿鷹《はげたか》のように横着で陰気な目をしたカラスの群がばたばたと軒先を飛び回っていた。

秀雄が継母のナカにフレップの瓶を投げ付けて泊居の家を飛び出した時、つね子は臨月の躰の居場所がなく苦しくて情けなくて食事も喉を通らなかった。だが翌日の夕方、旭川へ発ったとばかり思っていた秀雄が「吹雪で船が出なかったよ」と昂然と胸を張って帰ってきた時、本当に夢なら早く覚めて欲しいと思った。誰も何も云わなかった。お互いを腫れ物を扱うように何気なく振る舞っている。それぞれが心の中でぎくしゃくと葛藤し続けていた。

　何とか年を越しての松飾りも取れない大正十五年一月五日、大人どもの思惑など斟酌せずに赤ん坊が元気な産声を上げた時、一様にほっとし、このあまり発育の良くない男児が光背を携えて来たのかとさえ思った。秀雄は即座に初めての我が子に「焔」と命名し、間もなく小樽ゆきの船で旭川に帰るために出帆して行ってしまった。追いかけるように秀雄から「手帳を忘れたので送ってほしい」と葉書が来た。つね子は数種の短歌らしいものが書きつけてある擦り切れた手帳をぱらぱらとめくった。

「ふるさとのみゆるに堪えず船室にゐれどかなしや丸窓にみゆ」

　夫の心を盗み見たような気がした。秀雄の出立後、つね子と焔は一ヶ月余り世話になっていた三木の家を逃げるように辞した。ナカが照れくさそうに子犬の柄の入った青い色のおくるみを差し出した。驚くつね子に不器用な彼女は隣家の老婆に縫ってもらったのだと云って無理に持たせた。

「小熊ジュニアはどうした？　まだお寝みですかな」

　腹這いになって読んでいた雑誌を伏せて秀雄がむっくりと起き上がった。機嫌のいい声である。石炭ストーブの上で薬缶がしゅんしゅんと音を立てていた。天井の低い居間の中に縦横無尽に張り巡らされた麻縄にむつきが乾かされている。満艦飾のようだ。台所で洗い物をしていた両手をエプロンの端で拭きながらつね子がいそいそと出てきた。

「もうおっぱいの時間ですから起こしましょうか」

云いながら秀雄の伏せた本の表紙に目を遣る。『文芸時代一・二月号』と読めた。素早く目に留めた秀雄が云った。

「川端康成という小説家がさ、『伊豆の踊子』なんて甘っちょろいのを書き出したんだがね、こんなのが文壇を風靡《ふうび》してるんだ、嘆かわしきかなだな」

「お仕事なんですか」

「文芸時評を書く。特に新作は注意して読む」

真正面から仕事の話をしてくれることなど滅多にない事だった。つね子はなんて幸せなんだろうと思う。給料日には某かの生活費を手渡してくれる。平凡でいい、この程度の暮しでいい、この瞬間が長く続いて欲しいと思うのだった。

「小熊さん、居とるかね」

玄関にどやどやと人の気配がして履物を脱ぐ音がした。高橋北修、塚田武四を先頭につね子の知らない若い記者らしいのや青白い感じの文学青年ら三、四人が続いて入ってきた。

玄関へ迎えようにも狭くて身の置きどころがない。つね子は台所へ引っ込んだ。

「厭な犬がいたぜ、なんだあいつ、腰をズルズル引きずって歩いてるのか坐ってんのか」

「痩せて毛が抜けてな、戸口に盛んに体をこすりつけて」

「腹だけは大きく瓶のように膨らんでいたぞ」

口々に云い立てながら哄笑し何時の間にか胡坐を組んで輪になっている。絵描きの北修が『文芸時代』を手にして開いた。「何だ、何だ、何？『伊豆の踊子』か」。左右から二人が覗き込む。「新進気鋭……なるほどねえ」

北修が唇をゆがめてぽんと誌を放った。

「おい、こんなのはどうだ」

突然、秀雄が胡坐をはずして立て膝になった。座の注目を集めておいておもむろに懐から紙片を取り出す。菊のニックネームのあるちぢれた髪の毛を掻き上げながら、ニヤリと笑って抑揚をつけた寂《さび》のある声を張り上げた。

「私の虚無は悔恨の苺を籠に盛っている／私は喰べながら笑ひ泣き悲しみ怒り／朝日が昇るとけろりとしてゐた／愛するものは貝殻のやうに／背中にしがみついて離れない／愛は永遠の喜ばしい重荷だ／街に放された馬／ああ　それは私の無神の馬だ／毛皮は疲労して醜く密生し／光のない草地に平気で立ってゐる」

一斉に拍手が湧いた。唇を尖らして天井に煙草の丸い輪を吐いていた記者が大仰なしぐさで云った。

「愛は永遠の喜ばしい……えっ……重荷ですか、こりゃセンチメンタリックですねえ」

「愚昧な奴め、感傷は安住である逃避だ、桃色の外套《がいとう》なんか脱いで云ったらどうだ！」

秀雄が鋭く云って記者を睨んだ。目が怒っていない。

「いや、こいつはニヒリズムだよ、無神の馬だ」

塚田武四が低い声を呻くように発した。その時赤児の泣く声がした。台所から出てきたつね子が膝をついて軽く挨拶をすると奥の部屋へ駆け込んだ。

「いやぁ小熊さん、ドクトル・アブラハムの記事は痛快ですね、反響がすごいんでしょう、例の『文芸病患者症状報告』第二十八号室、『夢遊病者』なんて笑わせるなあ」

灰皿を引き寄せながら先程の記者が本当に愉快そうに云う。皆が興味深げに小熊の顔を見る。つね子は焔に乳をふくませながら隣室で耳を澄ました。上京後、『黒珊瑚』の筆名で恐れ親しまれていた秀雄は、この頃からドクトル・アブラハムを名乗り、当時の旭川近郊の二十数名の文学青年を入院患者に見立てた新聞紙上で『早発性痴呆』だの『胃癌』だの『淋病』など『半身不随症』『癲癇《てんかん》』などと切りまくって、『院長のアブラハム氏突如頓死』という広告を副院長名で載せるだの人を喰った報告書を書きまくり、書かれた側から突き上げられ紙上論争に発展して読者をヤキモキさせていた。

子供を背負って出てきたつね子が居間の隅でお茶を入れ始めた。焔は若い母の背中できょとんとした目をして子犬の模様のあるおくるみにくるまれていた。

「ところで夏頃に詩の朗読会なんかどうだろう、旭川の文芸は何て云ったたって詩でなくっちゃあね」

細長いデレッキでストーブをつつき回していた秀雄が、塚田から北修へと目を移していって頭越しにぐるりと見た。

「やはり詩が第一義ですか」

小説を書いているという青年が視線を捉えた。

「狭義の文芸はそうかも知れんが芸術では絵だぞ、まず絵画ありきだ」

北修が身を乗り出した。塚田武四がまあまあと北修の片腕を押えながら秀雄の方を見て大声で云った。

「夏休みだと日大の鈴木政輝がいる。そうだ、東洋大の小池栄寿も帰省するぞ、今野も大谷もそれに土屋に原田か」

「酒井廣治さんが旭川歌話会結成の準備を進められているそうですね」

端っこに居た大人しそうな青年が初めて口を利いた。

「そういえば小熊、君、短歌を載せるって云ってたな」

胡坐を組み直した北修が太い声を出した。

「新聞には五月頃になるかな」

「披露してくれよ」

「うーむ、そうだな、よし……、無神論者の歌えるぅ　いいか『子の愛を感ぜずと強く云いきりてそれは嘘なり弱きダダイスト……神よこの一人の無神論者を救い見よとたんかをきりしが多少淋し』」

秀雄が妙にマイナーな節をつけて朗じた。

「やっぱりセンチメンタルですよ、ヒロイズムかな」

先程の記者が肩を竦めながら云った。声が笑っている。お茶を配り終えたつね子が盆を畳に置いた。首を回して背中を見る。焔がつぶらな瞳を驚いたように見張っていた。彼女は茶箪笥から菓子器を取り出した。色とりどりの和菓子が山のように盛られている。

「つまらない物ですけれどどうぞ」

そっと真ん中へ置く。瞬間、秀雄の眉間が癇性に歪んだ。素早く菓子器を横へ押しやり不機嫌な声で小さく叱った。

「何だ、みっともないぞ、もっと少なくして出しなさい」

あら、つね子は吃驚して秀雄の顔を仰いだ。それからそっと一座のほうを見た。なぜ叱られるのか解らない。客人たちが面白そうに夫婦の成り行きを見ている。夫の大事な若い友人達だから取って置きの壺屋の最中も加えたのに、気兼ねなく食べてもらおうと思ったから少なくては失礼だしそれに小熊記者夫人の見栄だってちょっぴりはあるし……でもなぜ？　客人の前で恥をかかせるようなことを、意地悪をするのかしら。気に入らないのならあとで二人になった時に注意してくれたらいいじゃないの。この時つね子には夫の、詩人の、デリケートな感性が読めなかった。記者の吐く煙の輪だけが自在に飛んでいる。邪気のない妻の様子をチラリと見て秀雄が苦々しげに顔をしかめ、わざとらしくゆっくりと云った。

「こんなこと、気づかないのかい奥さん、上品に盛り合わせて出しなさいってことだよ」

あ、つね子は殴られたよりひどい衝撃を受けた。耳の付け根まで赤くなった。どんどん血が昇ってくる。小さく小さく肩をすぼめた。自分の不粋が情けなかった。それにも増して堂々と妻の恥を晒して憚らない秀雄が恨めしかった。鈍感な妻とあまりにも鋭敏な夫、一瞬のそんな感情の構図の不安な先行きが脳裡を横切った。焔が小さな声で泣き出した。

躊躇をしている場合ではなかった。

「ごめんなさい、あの、失礼しました」

逃げるように座を立った。台所へ駆け込んでそのまま裏口から外へ出た。おお、なんて寒いんだろう、ねんねこを羽織ろうとした。生温かい背中で焔が火のついたように泣き出した。目の前を黒い大きな菓子器のようなものが覆って過ぎた。思わず一歩退いた。追いかけてくる。菓子器のように見えたのは横着で陰気な目をした二羽のカラスだった。風がきりきりと痛かった。背中の児をあやしながら家に入った。居間にはもう誰もいない。折れ曲がったデレッキが玄関に投げ捨ててある。


「叔父さんの短歌がこれぇ、つね叔母ちゃんは厭でしょう」

スカートのプリーツをひらひらさせながら新聞を手にした雪子がもう靴を脱いでいる。北都高女の校章が窓から射す青葉光にきらりと光った。ぐずぐずと居座っていた季節を追いやって五月の風が幸せを運んでくる……そんな思いを膨らませたくなる午後だった。見様見真似の子育ても板についてきた。五ヶ月になった焔はすっかり母の顔を覚えて全身で甘えてくる。父親には味わえない至福だった。

「ねえ、読んであげる、仕事しててもいいよ」

雪子はお下げに編んだ髪をうるさそうに後ろへ払うと卓袱台の前にぺたんと座り、奥の部屋でミシンを踏んでいるつね子に声を掛けた。せわしなく新聞を開く。

「五月八日旭川新聞文芸欄、『無神論者の歌える』という題があるわ。一、二、三、えーと十六首掲載してるけど叔母ちゃんに関係ある歌だけ読むね。

『人なみに妻を娶りて子を産みてさてその次のおそろしきかな』

『争ひて頬をうちしが争ひて髪をきりしが妻は妻なり』

『あらん限りの手段をもて妻を虐げる之を称して倦怠期といふ』

『金のなきこの生活がさ程にも不思議にあらず不平をいふな』

『黴菌の如く子が殖えるごとしそそくさと袴をつけて外出をする』

『妻と子の家畜のごとく見ゆるなりつつましく朝の味噌汁を吸ふ』

『ちっぽけな墓を立ててやらんと思へり子が死ねば夫婦別れの約束をする』

いやねえ、お墓だとか死ぬとか夫婦別れするだなんて、叔父さんって何考えてんのかねえ、こんな歌発表して恥ずかしくないのかしら。それにさ、何か啄木っぽくなぁい？」

「啄木ねぇ」

つね子はミシンを踏む足を止めて雪子の側へ来た。刺繍をしかけた焔の涎《よだれ》掛けを手にしている。シンガーミシンは雪子の母のものを借りていた。つね子はミシンを使って小物を縫うのが好きだった。

「叔父さんはね、芸術家だから叔母ちゃんでも焔でも生活がみんな材料にされちゃうの、創造する人だからさ」

「平気？　叔母ちゃん」

「平気にしなきゃあ一緒に暮せないもん、でもね、雪子、小熊秀雄の思想になんかかぶれたらだめだよ」

「自分はどうなのよ叔母ちゃん、あのね学校ではね、すごいんだよ、旭川新聞って云うと、『あ、小熊記者ね、ロシアの貴族みたいで背が高くてハンサムで魅力的な喋り、その上に書く記事は歯に衣着せずとっても面白いんだって』って大騒ぎになるのよ、国語の女の先生なんか、あのちぢれた髪に汚れた襟とよれよれの袴がいいんだってよ、あ、ごめん、それとね放歌高吟って云うの？　夜ジュエルの辺りで逢ったんだって、もう片想いしちゃうわとか云っちゃって……」

「北都高女はミーハーだから、庁立とは違うからね」

「叔母ちゃんは庁立だから？　庁立の方がもっと大変だってよ。小熊記者に紹介してくれって外山さんが頼まれるんだって、ほら庁立へ行ってるでしょう、いくら隣の家だからってね、ただ隣に住んでるだけで頼まれたって困るよねぇ。第一殆ど居ないんでしょう？　叔父さんが家に居る時って必ずお客さん来てるもんね」

もっと喋りたそうにしていた雪子を急かして帰すと、つね子は焔を抱いて外に出た。瘦せた犬が駆けていった。尾がくるくると揺れていた。ロルセーズの「五月のそよ風」という曲が口をついて出た。バイエルを始めたばかりで覚えたメロディだった。もう暫くオルガンに触れてないなと思う。今頃誰が音楽室でピアノを弾いているのかしら……。

五月初め頃から小噴火を繰り返していたらしい休火山十勝岳硫黄山が二十四日午後、ついに大爆発を起こした。温泉宿や硫黄採掘所が瞬時にして泥流に襲われてしまったのだ。北海道の中央に位置するこの山の怒りは旭川に直接の被害こそなかったが、鉄道が不通になるなどは人々の恐怖を煽り話題となって情報が飛び交った。死者百四十四人、この惨事に新聞社は夜を徹して活動を開始する。文芸部記者の秀雄の持ち場の紙面にも記事や投稿作品に暫くは十勝岳が扱われた。日夜仕事に追いかけられている夫をご苦労な事だと思っていた。今夜はすき焼きの用意をして彼を待とうと思った。

袴の紐をだらりと下げ、袷の胸をはだけて右に左に揺れながら帰ってきた。玄関につんのめるようにして倒れた時つうんとすえた酒の匂いがして家中に広がった。どこで転んだのだろうか、草履の鼻緒が二ヶ所も切れている。午前零時を過ぎていた。秀雄はうつぶせの顔を横にして何やらぶつぶつと云い続けている。つね子はそっと奥を見た。幸い焔は眠っているらしい。

「お前は聖母だよぉ、日本のマリアだねぇ。俺か、おれはオレの影に物云う悪魔だ、やい、天女め、文句があるならおっしゃって下さいませぇってんだ」

痩せてはいても長身の秀雄を引き摺り上げるのは小柄なつね子にとって大変なことである。泥だらけの足袋を脱がせながら思わず「すき焼きをしようと待ってたのに」と毛脛のざらざらした秀雄のふくらはぎを抓《つね》ってしまう。

「おお、悪魔の愛する妻よ、今のは石が爆笑したのか」

秀雄はよろけながら両肘をついて自力で這い上がろうとする。

「ばかばかしい、石が笑うもんですか」

肩に手を貸しながら本当に馬鹿馬鹿しくなって秀雄の髪の上でぷっと吹き出してしまう。その時、泥酔しているとは思えない素早さで秀雄の右手がつね子の懐に差し込まれた。帯を解いて焔に添い寝をしていたつね子は不意をつかれて大きく仰向けに倒れ込んだ。無造作に掴まれた乳房の下で動悸が激しく打っている。

「お前の心臓はほら鳩時計のようだ。こぼれるような音を立てて、時を刻む、刻んでいるよ、いつか死んでゆく悲しみも刻んでいるさ。オレの愛情の重さも軽さも、鳩時計は秒針を秤に替えて窺っている。そして懸命になって心遣いをする、心遣いを有難うよ、だがねぇ、オレの悪魔はお前の肉体と精神を略奪する悪魔の地の辛さなんだ。永遠の女よ、聖母の海の甘さよ。かき抱くお前は海の慈愛だ、鳩時計、ん……今何時だ」

　暑い。新しく仕立てた浴衣の衿をはだけて歩きながら秀雄は団扇を使っている。電柱に灯りが入りあちらこちらの庇を低くした店の提灯や軒灯が四条師団通りを活気づけていた。打ち水をしたヤマニ食堂の角へ来た。ふっと二階を見上げた。記者仲間の山田が興奮して書いていたのを思い出したのだ。ラジオという不思議としか云い様のない利器が、ヤマニの階上で旭川では初めて公開された時の取材記事だった。東京では六ヶ月も前にお目見えしたと聞いていたのに、ああ東京、勇んで北修と連れ立っていって破れ、今度こそはと妻つね子を同行し金も用意して上京した再びの夢の地を三ヶ月で敗退してきてしまうとは……。潰し島田に結った女が座敷着で裾を押さえながら小走りに行く。売り損ねた金魚を入れた籠を担いだ男が鉢巻きを外して悄然と帰る。今夜は何程の人数になるだろうかと思った。

「あ、小熊さん」

　突然肩を叩かれた。

「いよう、君か」

　振り返って声を上げた。半袖シャツのボタンをきっちりと止めた鈴木政輝がこちらを向いて緊張している。

「小池くんです」

鈴木が無帽の青年を押し出すようにした。

「ああ、東洋大学の、小池栄寿くんですね、小熊です。よろしく、よく来てくれましたね」

秀雄はあっさりと云って人懐っこく右手を出した。小池と呼ばれた青年は真面目そうに両手を脇へつけて礼をした。三人は連れ立って詩の朗読会が開かれる喫茶店ジュエルへ向かった。秀雄は歩きながらしきりに広瀬操吉という絵画もよくする白樺派の詩人の話をした。今月末に来旭するという。彼の絵を買ってくれる篤志家を探さなければと云った。『象徴派の詩を中心とした詩の朗読会』の会場は準備が出来ていなかった。三人が椅子を借りに走ったり電灯に青色のペンキを塗ったりしていると、塚田武四や今野紫藻らがやって来た。おお暑いなあ、ビールが飲みたいぞう、それぞれに勝手なことを云い始める。誰かがビラを手に取って感嘆の声を上げた。

「手書きのビラですか、なかなか良く出来てますね」

聞こえたのか秀雄が舞台の袖から出てきて覗き込んだ。

「ほう野口くんもやるね『俳優の笑い』か、しかし君このカットだよ、夢があっていいと思わんかね」

「小熊さんが描いたんでしょう」

「うちのかみさんだ、ヤツ少しばかり描くんでね」

「つね子女史か、音楽の先生だったはずだが絵も堪能か、いいな、しとやかだし美人だし」

今野がわざと感に堪えぬ風に云って皆を沸かせる。その夜、今野の朗々たる自作詩や所感の朗読は出席者を魅了した。

「詩は朗読すべきものだ。黙読が習慣となってしまってはいけない。詩は読む事、すなわち声を出して読まれる事により詩たる気迫、変化を感ずることが出来る」

今野紫藻の情熱は、会場を捲土せんばかりであった。

秀雄は動揺を隠せなかった。腕組みをしたまま唸っていたが席に戻った今野を摑まえて性急に聞いた。

「君ぃ、君は作詩する時もあのように吟唱しながら書くのか」

彼は黙って頷いた。秀雄が嗄れた声で終会の挨拶をした時、暑さはいくらか退いたようだった。十一時を回っていた。

「今夜はすき焼きにしてくれ、来客がある」

珍しく早く帰った秀雄がうきうきとして云う。余程気の合った客人なのだろうと夫の顔を窺いながらこんな暑い時に何だろうと思う。ぐっと堪えた。

「はい、でもあなたどなたなの、お客様は」

今月は生活費を半分しか渡されていない。でも何とかなるわ、娘の頃鷹揚に育てられたせいか、あれ程東京や樺太で金の苦労をさせられたのにつね子は切羽詰まった事態に直面しない限りお金にはあまり頓着しようとしない。そんな妻が秀雄にとっては都合良くまた可愛くもあった。

「愛知県、いやどこに定住しているのかねえ、白樺派の放浪の詩人だ。廣瀬操吉といってね、抒情的な詩や絵も描くんだよ。マリー・ローランサンやアンリ・ルソーが好きで、ゴッホの幻影に『ゴッホが走ってゆく姿が見えたのだ／ゴッホは大きい画板を肩からかけて』なんて驚喜しちゃって。『雪雀』が近代都市の上空に現われるんだ、とはしゃぐのは、いや最近『雪雀』という処女詩集を出したのさ。『牡丹色に美しく塗られた馬車』の白昼夢を見たとか、もの驚きする子供のように星座とバラ色の太陽に甘えているとか。だが彼の場合はその底に貴重な苦労味が流れている、本物の詩人って云うんだろうな」

興奮を隠そうともせず饒舌《じょうぜつ》になっていく秀雄に、つね子は恋人と星を見ているような不思議な愉悦を感じた。

その夕、廣瀬操吉は、鈴木政輝、今野紫藻と連れ立って牛朱別川の見える小熊夫妻の許を訪れた。つね子と小学校で同級だった今野は、郵便局に勤めながら『文学における郷土運動』とか『ゴーリキーと青年』とか詩や評論や小説などを精力的に発表していた。この頃から左傾化する思想への萌芽が成長し始めていたのかも知れない。日大生だった鈴木は裕福な家だったこともあり、東京と旭川を度々往復し東京の詩壇や詩人とも交わりながら詩を書いていた。秀雄にとっては彼の中央の文壇の消息を得ることが出来、かつ忌憚《きたん》なく語り合える先輩と友人のまたとない心躍る来宅だったのである。

台所で油を引いたフライパンに投げ込む肉のジャアッという音がする。バチバチと油の跳ねる気配がして一瞬ぱっと火が上がった。焔がきゃあきゃあと喜んで手を叩いている。

秀雄は慌てて立ち上がった。

「葱を入れろ、はやく！」

云いながらつね子を押し退けぶつぎりにされたままな板の上にあった長葱をわし掴みしてフライパンに入れた。火は消え大人しくなった。つね子が指の先を嘗めている。油が撥ねたらしい。秀雄は皿に残された牛肉を指して呆れたような目をした。

「肉はこうじゃないだろう、繊維に沿って切ったら堅くて食べられやしないよ」と云ってから「上肉じゃないんだからね」と小声で付け加えた。

今野が盛んに『文芸戦線』に載った『トンカトントンカッタッタ縄工場よりの報告』や、『僕の兄貴シャルル・ルイ・フィリップ』とか『狭き門を読む』とか『天才、詩、芸術』を論じている。最近の自作を弁明しているのか解説なのか解らないが真剣な目を据えて話し込んでいるようだった。

「私、学校では家事とお裁縫は苦手でしたの、ミシンを踏むのは嫌いではないですけど」

つね子は居間の方を窺いながら秀雄をちらと見てそこだけ豊かな胸を寄せる。音楽と絵が得意だったと云いたいんだろう、そして庁立高女の補習科を卒業したんだって。秀雄のデリカシーはつね子のそんな底意を嗅ぎ取ってしまう。愛すべき鳩時計のような、また聖母であるべき妻はその海の底の心の些細《ささい》な揺れであっても小細工などして欲しくないのだ。

「そんなことを云ってる場合じゃないだろう！」

秀雄が噛み付きそうな目を辛うじて転じ居間へ戻った。

「小熊くん、連詩を知っとるか」

秀雄が席につくと早速廣瀬操吉が提案した。初めて耳にする言葉だった。

「知らないですね、連歌や連句ならよく聞くが」

「ま、知らぬでもいい。似たようなものだからやってみようよ、今東京や大阪では流行っておる」
　その夜、各自がそれぞれに出題をして四編の連詩が誕生した。秀雄は『風船』、紫藻は『夜の陶器』だった。

「風船」

空はこばると（今野）
昆虫学者は網を持ちて野原を駆ける（鈴木）
ああ秋の風船の快よき（廣瀬）
学者はしばし昆虫をとる
ことを忘れて空を見上げた（小熊）
空には何もなくなった（今野）
エアシップの哀れなるかな（廣瀬）
ちぎれ雲ひとつ（小熊）
へぅへぅ吾魂を流しゆきぬ（鈴木）

「夜の陶器」

この壺はうれひなくふくらみ（小熊）
夜の光線が照らされて（廣瀬）
蒼白い叔母のマスクが写された（今野）
この壺はうれひなくふくらみ（鈴木）
遠き秋風の音を聴きつつ（廣瀬）
ふるさとの唐土を追憶し（小熊）
殺人事件を審判する（今野）
ああこの壺はうれひなくふくらみ（今野）

それぞれに個性の強い人柄が浮き彫りになる。すっかり魅了されてしまった鈴木と今野は「俺達は旭川に於いて表現の場を持つべきだ」「自分達による自分達のための発表の誌を作ろう」などと口々に叫びながら夜の白む頃肩を組んで帰っていった。廣瀬はその夜小熊の家に泊まった。秀雄と廣瀬は淡い朝の光が射してもまだ盃を重ねていた。秀雄の耳底でふらつきながら下駄を履いていた二人の興奮した声が這いまわっている。「自分達の詩誌を出したい！」漠然と感じていた願望だった。だがそんな思いに拮抗するように彼の中では再度東京への夢が次第に膨らんでいくのだった。つね子は焔の傍らで帯を締めたまま横になっていたが何時の間にか眠ってしまっていた。

隣家との細長い路地畑に蛇行していた南瓜《かぼちゃ》の蔓《つる》が干涸びて取り去られ、最後まで頑張っていた青紫蘇の葉も見る影をなくしてしまっていた。激しい音を立てて木枯らしの吹きまくる日が続いた。山肌はもう雪化粧していたが焔は風邪も引かずに日々新しい感動を与えてくれる。摑まり立ちをして一歩二歩歩き始めるとさすがの秀雄も嬉しいと見え、「ここまでおいであんよはじょうず」などと相手になる日もある。雨紛にいる富三郎が豆や人参などを背負ってよく出てくるようになった。雪子も相変わらず生意気を云いながらよく焔を可愛がっている。何事もなく越年が出来そうな気がした。

「天子さまがとうとうおかくれになられたとよ」

富三郎が足をよろつかせながら慌てて入ってきた。インバネスが雪だらけだった。湿った雪である、大正十五年十二月二十五日未明、大正天皇が葉山御用邸で崩御されると一時間五十分後に剣璽《けんじ》渡御の儀が行われ新天皇が誕生した。すぐさま昭和に改められ昭和元年はたったの七日間で逝ってしまった。

この少し前、のちに小林多喜二の小説『不在地主』の主人公のモデルになった北村順次郎と今野大力（紫藻）が旭川新聞紙上で激しい論戦に火花を散らしていた。

「あなた、これ、北村さんがこんな悪し様に今野さんの事云っててよ」

つね子は爪楊枝を使っている秀雄の足元へ朝刊を置いた。不機嫌そうに一瞥も与えず出ていこうとする。常々「男が命を張っている仕事に口出しは無用」と云われている。でも今野さんは私の同級生だし秀雄も彼の演説や考え方が素晴らしいって目を輝かせていたから……。

「ねえ焔くん、気になるわよね」

子供を抱え上げて無言で出ていく夫を見送った。

広げた新聞の上を焔がわざと歩こうとする。『観念的追想主義者！　今野紫藻へ』両手で制しながら目で追う。文芸欄に度々発表している今野の評論が小市民的でいかにも脆弱であるという。北村は日農北海道連合事務所の常任書記で『閃光』（名寄新芸術協会刊）の同人だった。


秀雄が時々新聞社の給料を前借りしているらしいことは感づいていた。

「おい、コーヒー代を貸せ」

徹夜の腫れぼったい目をしわめながら月々渡される家計費の中から五十銭、一円と毟《むし》り取るようにして持っていくことがある。

「小熊さん、居ましたか」

閉めたばかりの引き戸ががたぴしと開いて、無帽の男が顔を出した。頭髪にちらちらと雪を載せている。

「ま、今野さんじゃないの、その辺で会われませんでした？　出ていったばかりなの」

それじゃ帰ろうかなと云う今野を引き止めて座布団を勧めながら、つね子は先程の新聞の話を切り出した。彼はどうもご心配かけてと云いながら笑った。

「小熊さんが北村の書いた原稿を持って飛んできてくれてね、『今野、スペースはいくらでも与えるぞ、どしどし書け！』ってわけさ。尤も北村の記事が出たあとだけど嬉しかったですよ。ヤツに書かれて柄にもなく三晩も眠られなかったから」

つね子は夫と違って何て直情的なすがすがしい人なんだろうと思った。焔がよちよち歩いてきて今野の膝にすとんと尻餅をついた。彼は嬉しそうに膝を揺すりながら、「新聞社にはまだ出てないって云われたんで、こっちかなと思って、実は反論の原稿を書いて持ってきたんですよ」と懐から取り出し『哀れな盲蛙に与える……北村順次郎君へ』というタイトルだけを見せてすぐにまた原稿を懐へ仕舞った。今野が帰ってしまうとつね子はふっと隣家の外山さんが云っていた噂を思い出した。

「北村順次郎というのはアカに近い文学青年だそうですよ。今野大力さんもそうらしい、注意した方がいいです」

真偽の程はつね子になどわかるわけがないがそれから一年も経たないうちに「集産党事件」というのが起き、北村は検挙され執行猶予四年半の刑を受けたと、その時も外山さんが教えてくれたのである。


最近、秀雄から手渡される生活費が目立って減っていた。富三郎が雨紛から運んでくる麦や越冬用の野菜などだけが食卓を彩る夕餉もある。焔が寝入ってしまったあとつね子は秀雄の帰りを待ちながら編み物をしていたが、ふっと馬鹿らしくなって投げ出した。鳩時計がぼうっぼうっと十二時を打った。「掘り出し物であります。私のマリア愛する魔女よ、ほうらプレゼントだよ」と、焔の傍らでうとうととしていた枕元へ無造作に差し出した。連夜酔いどれての帰宅が続いていた大正天皇崩御の夜、どこからか見つけてきた中古の可愛らしい時計だった。新聞記者の給料の三倍もしたのだという。

折々の寝物語を繋げてみると、酒井廣治や『白楡』の残党小林昴（幸太郎、旭川新聞社の上司）らとの歌話会創設が軌道に乗っている様子なのが窺える。それなのに、東京で萩原朔太郎や千家元麿、川端康成とも交友が出来たという日大の卒業を間近に控えた鈴木政輝や、またこの三月からは旭川へ帰郷して実科女学校の教師になる事が決まったという小池栄寿や慶大生の大谷東策らと何やら画策しているらしい。つね子は秀雄の文学への情熱と強かさに畏怖を感じている。誇りにも思う。だがどこか理屈を越えたところで夫として父親として一家を支える経済人としての理想像を求めたくなることがある。彼女は立ち上がって窓側にある秀雄の机の前に座った。両方の引き出しをそっと開けてみる。新聞の切り抜きや書き散らした詩稿がびっしりと入っていた。散文詩『ローランサンの女達よ』『泥酔者と犬』『白痴アンリ・ルソー』などの既に紙上に発表されたものもあった。挟み込みのある『ＯＲＩＯＮ』という詩歌誌を開くと『天才小熊秀雄旭川詩歌連盟を建設せよ、然らざれば再三東都にあれ』などというアジ文が飛び込んできて、つね子はつうんと秀雄だけを信じてわけも解らずに飛び込んだ東京での五ヶ月足らずの生活を懐かしく思い出した。机の下の菓子箱の中を覗いた。『二人の生活』、なあにこれ？　題名に魅かれる。詩稿を手に取って広げてみた。

柔軟な暮らしの中から
なにか房々とした葡萄のやうなもの
魚の瞳と連なるものを発見した

そして久しく憎み合ひながら
ともに暮らしてゐる女あり
（中略）
とかくうなだれ勝ちな頤に手を添えて
たがひに眼を見合はすことや
また終日蟹のやうに向ひ合ひ座ってゐる

男は怠惰ではない
女よ、その懶さを責めるなかれ
脳はただお祝のやうに
無邪気な嬉しさで満ち足り
身を動かすことを重大に考へ
うねり、光り、華麗に、
坐りこんでゐるのであれば（後略）

どうせ無邪気な脳しか持たないわよ私は、華麗に？　ふん、座り込んであげますよ！

つね子は詩稿を丸めると思いっ切り机に叩きつけた。詩や散文、小説などは虚構の、イマジネーションの世界の事だと解っていても解っているから雪子などには超然として話しているつもりだったのに……彼女はその夜、火焔に包まれて逃げ場を失った猛牛のような狂おしい激情に弄ばれていた。

突然、焔の泣く甲高い声がした。悪い夢でも見たのだろうか。つね子はそうっと焔の隣へ臥せながら、たった今まで恨みがましく思っていた秀雄の唯一のこの分身を優しく抱き寄せた。ぼうっぼっ、鳩時計が二時を打った。

「昨夜はお先に寝んでしまってごめんなさい」

出勤時間が近くなってやっと起き出してきた秀雄に殊勝げに詫びた。すえた酒の匂いが狭い居間いっぱいに広がる。昨夜、興奮の余りくちゃくちゃに丸めて投げた机の下の詩稿のことで……尤も朝、丁寧に伸ばしながらもう一度見ていた原稿に彼女は思いもかけず自分の大変な読み違いに気づいたのだった。「男は怠惰ではない、女よ」である。主語は男ではないか、とするととんでもない勘違いをしたことになる。あらぬ被害妄想に身の縮む思いがして誰もいない朝の部屋で首の付け根まで赤く恥じ入っていた……こっぴどく叱られると思った、転ばぬ先の杖のつもりのそんなつね子の詫び事など全く解さぬ程その朝、秀雄は上機嫌だった。知らぬ顔で通そうとつね子は肩を竦めた。

「聞いてくれつね子、出たのだよ、我々の詩誌が！　明日の朝刊で目次までが紹介されるんだ」

菊の花のような髪が起き抜けの山嵐みたいだと思った。秀雄は得意そうににやりと笑うと台所へ行って旨そうに水を飲んだ。

「教えてやろうか『えんとうぼう』って名だ。えんは丸い円だ、とうは筒、それに帽子のぼうさ、いい名前だろ」

嗄れた声を弾ませながらちぢれ毛を両手でぼりぼりと掻いている。つね子は内心ほっとしながらも何故そんなに興奮する程の事なのかが今一つ理解し難かった。だが子供のように有頂天になっている夫を見ているうちに、やはり嬉しい事なんだわとじわじわと喜びの気配が込み上げてくる。彼女はそんな自分を不思議に思った。


昭和二年一月、既成の詩誌の概念にアンチテーゼを、新風を、と威勢よく掲げて『円筒帽』第一号が発刊された。正確には発行日は大正十六年一月一日とあり、十六ページ定価二十銭で発行所は東京野方新井二六〇、武蔵毎日出版部（野の百合社）だった。

在京の涼木優輝（鈴木優輝）と河見一三が編集人だったが、廣瀬操吉が『生と神秘と悦び』、上田敏雄が『後期芸術派』、大谷東策が『出漁』、今野大力が『狂人と鏡』、塚田武四が『悲恋』、そして小熊秀雄が『福田正夫の最近の態度』、鈴木政輝が『明日の自由詩』を書いた。河見一三は評論を書いたがこのうち廣瀬操吉と上田敏雄は円筒帽同人ではなく特別寄稿だった。

昭和二年三月十八日印刷製本の『円筒帽』二号が刊行されたのは四月に入ってからだった。円筒帽詩人は八名で塚田武四をのぞく全員のほかに吉住勲が『海辺』、廣瀬操吉が『酒場よ』という短詩を載せている。評論では鈴木政輝が『自由詩撲滅論』、河見一三が『詩の意識的構成について』と両人とも力作に枚数を費やしていた。小池栄寿が『夕日と外人』『赤土原』『世間の声』『日記』『さびしい親しみ』と心優しい調子の詩小品四篇を、そして小熊秀雄は『日没の樹』『結晶されたもの』『雪の夕餉』の詩三篇だった。編集後記には「遅延を重ねたことを先ず御詫びします。廣瀬操吉氏から原稿を頂いたが頁の都合で一篇しか載せられなかった。第三號からは評論を中止して三段目を全部創作に割くことにした。云々」と河見一三が筆をとった。だが東京の河見と鈴木が中心だったらしい二号の後記に紹介された『円筒帽』第三号及びそれ以降の号は、種々の事情があったにせよ、その後ついに刊行されずじまいになったのである。

「今日は円筒帽主催詩人祭の反省会でしてね」

表で話し声がする。背伸びをして半開きの窓の外を見ると、秀雄が今着いたばかりらしい兄の泰輔と立ち話をしている。

「四、五日前にもヤマニで文芸座談会があったんじゃないかね、北海日々主催の」

「よく御存知ですね、義兄さん」

隣家との間に植えられたアカシアの若い緑が日焼けした兄の横顔にこぼれている。

「新聞で見てたよ、盛んなことだ。小説も書いているのかね、『殴る』だとか『憂鬱な家』だったかな、ありゃぁ君達夫婦の事かい。だけどもあんまり書き過ぎんようにな」

では、という秀雄の疎んだ声がして遠ざかる下駄の音がした。泰輔が新聞紙にくるんだ韮《にら》の大きな束を抱えて入ってきた。絶縁を云い渡されていた兄が町へ出たついでにと云って、つね子の許へ寄ってくれるようになった。勿論家賃の取り立てや雪子の様子を見たい気持ちもあったのだろう。つね子はいそいそと座布団を取りに立った。

「だいぶ陽気が良くなったな、坊主は元気か」

云いながら傍にあった新聞を取り上げた。焔が柱に摑まったまま泰輔の方を不安そうに見ている。

「ほほうこれか、一昨夜午後五時半より旭川北海ホテル楼上で円筒帽社主催の詩人祭を催したが出版の顔触れがすこぶる異色であるものでこの種の催しとして殊に詩の社会化の上から見ても喜ばしい集会であった。北海日々文芸部からは中村、増田、松崎の三氏が出席して呉れて声援をして貰ったし、遅ればせに弁護士鈴木重一氏が現れて『花を盗んで罰せられた話』も興味深く、えーと、北海タイムス竹内支局次長の幅も甘みもある聲で『山の霊』説きたちまち村田丹下氏卓上の草花に哀憐の即興詩あって好評か……えーと、次に時節柄プチブル論争にちらりと火花を見せたが同志円筒帽詩人その他参集の詩人歌人が詩歌の朗詠をもってこれらの論争を情緒あらしめ怪我過ちもなく談笑し未曾有の盛会裡に散会した。主催者側では当日の催しに対し厚意ある出席者諸氏に感謝している、尚当夜の出席者は左の通りである……昭和二年四月二十八日か、なるほどこれは小熊の奴が書いた記事だな」

「兄さん、何人くらい出席って」

つね子が焔を膝の上に抱き上げながら覗き込んだ。

「二十二名だ、小熊、鈴木、塚田、小池が同人、あとは松崎豊作や野呂行夫や山木力、松井虹男など全部名前が載ってるぞ」

「今野さんはやはり見えられなかったですね」

「なんだ、あの大力とかいう餅屋の息子か、郵便局にいるんだろ、共産党に入ったって聞いたが」

「東京へ行ったみたいよ、本郷の郵便局だって」

「……」

泰輔は暫く新聞に目をやっていたが思い出したように雪子の様子などを尋ね、「帰る」と云って席を立った。


五月になった。桃の花びらと桜の蕾が肩を寄せ合って陽を浴びている。外へ出る事を覚え始めた焔が、影のように入ってきた父親を見つけて何やら嬉しそうな声を上げた。ようっと秀雄の掛け声がする。

「明日小池が来るそうだよ」

機嫌のいい声で云って焔を下ろすとどかっと膳についた。人肌に温めておいていた酒を手酌で満足そうに飲みながら、

「こいつはさっぱりしていて旨いぞ」

と牛肉に塩胡椒《しおこしょう》を振っただけの料理をぺろりと平らげた。

つね子は嬉しくなって得意顔ではしゃいだ。

「何のことはないのよ、水を張ったお鍋に牛肉を入れてね、ぐつぐつと時間をかけてゆっ

くり煮ちゃったの」

「何だって、それで煮汁はどうしたんだい？」

「捨てちゃったわ」

「ふざけるなよ、煮汁に栄養分がたっぷり入っているんだろ、スープにするとかそんなこと考えつかないのか」

「……」

仕様がないという顔をしたがなぜか秀雄は思い直したらしい。眉間の縦皺をすぐ引っ込めると着物を脱ぎ始めた。裸になると猿股一つで四つん這いになり焔の前に来た。

ワンワンワン、彼は犬の吠える真似をして焔を中心に部屋の中をぐるぐると這い回った。焔が喜んで手を叩く。

「さあ今度は狼《おおかみ》だぞ」

うなり声を立てて座っている焔の頭上を飛び越えた。彼はきゃあと云いながらもころころと笑った。傍でつね子が面白可笑しくもないという顔で突っ立っている。

「こんどはロシア民謡だ、ニジンスキーはだしの旋律舞踊だ」

秀雄はつね子に挑戦するように、焔の方を向いて云いながら無手勝流に踊り出した。猿股の紐がずるずると解けた。つね子はにこりともしなかった。秀雄がバツの悪そうな様子をして座敷へ行った。

「小熊さんに色々お世話になっています」

子供さんに、とその辺で買ったらしい菓子袋を差し出して律儀に挨拶をする小池栄寿をつね子は好ましく思った。実科女学校で数学を教えているという。幾何の授業の話などしていると焔が小池の横へちょこんと座った。

「子供はひとの善悪を見抜くから恐ろしいよ」

秀雄が上機嫌で話している。円筒帽の大事なメンバーであるらしい。五月の陽光がこの狭い家にも帯をなして射してくる。小池は十一時半頃帰った。あっ、秀雄が小池の忘れていった『白山詩人』と自分の『地上楽園』四月号を手に取ると慌てて追いかけていった。二人は牛朱別川のふちを鉄橋の向こうまで行き日の出橋から堤防を回りポプラ林を歩いて別れたのだという。何を話して歩いていたのだろう、つね子はその話を聞いて羨ましく思った。

十日程した夕方、ビールを提げた秀雄が小池と連れ立って帰ってきた。錦座で改造社主催の文芸講演会があり里見弴と芥川龍之介が来たが三十分ずつ話して急行で帰ったのだという。何もないのでと申し訳をするつね子に、「他人行儀を云うな、小池とはそんな仲じゃない」と云いながら秀雄は身欠鰊を炙《あぶ》り、ビール豆をかじる。二人は盛んに講演のあと見てきた作家の生涯の話をしだした。

月の終わり頃午後、秀雄はまた小池を伴ってきた。つね子は昨日父が運んできてくれたほうれん草や卵で何か夕食を作ろうと思った。焔は隣の外山さんへ遊びに行っていた。飲みながらの話題は『郵便局の片隅で』という今野大力の作品だった。九月にはオレも上京する、と何に激怒したのか秀雄が力んでいる。小池が静かに調子を合わせていた。ほうれん草の卵とじのおかずで一緒に夕飯を食べた。

四回目に小池が訪ねてきた時秀雄は留守だった。彼はお借りしたスクラップブックを返しに来たのだ、と云ってそそくさと帰った。つね子は彼らの間に自分などの介在出来ない程の友情が生まれつつあるのを感じた。

珍しく怜子が訪ねてきた。常盤公園のつつじが綺麗だからと誘われて焔を連れて出掛けた。その日は招魂祭で師団通りも六丁目も人々で溢れていた。

「あら、小熊さんじゃない、まあ洋服を着ているわよ、紳士づらしてさ」

見世物小屋を背にして秀雄が往来する群衆を面白そうに見ている。小池が一緒だった。明日から背広を着るといって自分で探してきた黒のサージの上下だった。巷間のバーのマダムに見立ててもらったというそれは長身の秀雄を一層すらりと引立てよく似合っていた。

石井荒村とかいう集産党の志士を迎えに行くのだとか云っていたのだが……。つね子は怜子の腕を引っ張ると帰ろうと合図をして足を早めた。

「あしがらやーまーのきんたろう……」

帰宅して、疲れたと云う焔の足をさすりながら歌っていたら、突然洋服姿の秀雄が小池に支えられるようにして入ってきた。

「おい、晩飯だ、その前にビール！」

「小池くん、この間の『ささやかな誇り』あの詩は良かったな、だがね君、一日に少なくとも一篇の詩を書かなくては詩人とは云えんからねえ」

青い顔でぐったりしていた焔がむずかりだした。

「ニコニコへ行こう」

食べかけた食事の箸を置いて二人はまた出掛けてしまった。鳩時計が物憂げに八時を打つ。

北こぶしの花が六月を彩っていた。秀雄の帰宅は相変らず遅く酒気を帯びて帰るがつね子の手の及ぶところではない。円筒帽の同人の今野と鈴木は東京へ去った。塚田武四の体調が優れない様子で秀雄と小池はますます親密の度を加えていった。小池が訪ねると決まって、「書いてきたんだろう」開口一番秀雄が必ず詩稿を請求する。出さないと明らかにむっとして不機嫌になるのだ。

「この頃詩が解らなくなってきたんだ、俺の気持ちが詩から離れてきたのかと思うと恐ろしくなるよ」

詩稿も歌稿も出来ずそれでも小池は秀雄の家へ足が向いてしまう。秀雄は小池の買ってきた桜餅を頬張りながら、

「それは精神の生んだ詩の事か、いたずらに唇の生んだ詩を指すのか。恐ろしいと思うお前のその気持ちを詩に書けよ。無気力な文字の羅列じゃ駄目、マイナーな気分でもいい、感情の『波浪』を感ずる詩を書け」と手厳しい。

夏になって鈴木政輝が帰省した。鈴木、塚田、小池の三人に、時には松浦や大谷も交え三日にあげず牛朱別川畔の秀雄の家に集まってウイスキーやビールや酒をそれぞれが持ち寄り気儘に飲んで喋り議論をし、時には放歌高吟をする客人達に、つね子はもう気を遣わない事にした。云われれば有り合わせのつまみなどを出すが、もう茶菓子だの心配など金輪際しないことにしている。

もうずいぶん慣れてきた焔がとうきびを持って小池の側へ行き握手をせがんでいる。秀雄が嬉しそうに見ていた。盆踊りの太鼓が聞こえてくる。二人は雨の中を見物すると云って勇んで出ていった。つね子はどうしようもないこの二人の幼児性を持った詩人に憐みす

ら覚えた。

「お月見のすすきを取ってきて欲しいわ」

「この俺に云っているのかね、お前は」

「ほかに誰が居ると思って？　この子にでも？　この子のために欲しいのよ」

つね子はこの頃秀雄には絶対不可能と思えるような難題を吹っ掛けたくなることがある。彼との間に弾力のないゴムのようなものを感じ出したせいかも知れない。

円筒帽の詩会がユニオンパーラーで開かれたのは九月二十一日だった。その時の様子を小池が来宅した折、秀雄が座を立ったのを見て話してくれた事がある。彼は小熊の帰宅を待つ間などにつね子と時々授業の話などをする。二人に共通する学校の話題はつね子を生き生きとさせた。

「酒井さんも見えましてね、出席者十二名。持ち寄りの一篇を各自が朗読、『現代国語の問題』とか『朗読法』『音楽との関係』など喧々諤々《けんけんがくがく》議論しました。小熊さんの『掌に生へた草』が好評だったですね。そのあと例によってヤマニへ繰り出してビールやコーヒーとかですよ」

つるべおとしの秋の日が芸術だ文化だと文芸欄を賑わしていた。仕事がらみで相変わらず忙しそうな秀雄に寄り添うようにして大抵小池青年がいた。学校回りを仕事にしている秀雄にとっても小池先生は大切な情報源であった。

年が明けた。餅を焼いて親子三人でつつましく雑煮を食べた、カア、カア、カア、元旦の静寂を破ってあの陰気なカラスが屋根の上で騒ぎ出した。突然焔が真似てカア、カア、カアとはしゃぎだし、それから、まふ、まふ、まふと四つん這いになって奇妙な声を上げた。何でしょう……つね子が不安な目をした。秀雄にも解らなかった。

「あ、あなた、解りましたよ。焔は牛の真似をしてるのよ」

つね子が手を叩いて笑った。時々、野川牧場の牛が小屋の中でもうと鳴いている。焔はそれを思い出したようだ。三時頃小池青年がやって来た。鈴木政輝の所へ行こう、二人は杯に口をつけただけですぐ出掛けて行った。その夜師団通りで、秀雄と酔った巡査部長とのいざこざがあったとかが何日かのあと、つね子の耳にも入ってきたが、彼女はもう大して驚きはしなかった。

春が行きつ戻りつしていた。雪の解けた小路に氷が張って滑るので雨紛の父富三郎などはかんじきという藁靴を履いてやって来る。七十六歳になった父はまだまだ元気だった。

今野大力が三年ぶりに旭川へ帰省し牛朱別川畔の小熊の家を訪ねたのは三月の末である。席の温まる間もないように忙しく飛び回って三日程で帰っていった。彼は密かに非合法活動を始めたようだった。今野を見送りにいった晩、秀雄は妙にむっつりして早々と帰宅した。旅費を十五円用立ててやったとあとで小池にだけそっと話したという。


「おい、親父が駄目らしいぞ」

玄関を入るなり秀雄が大声で云った。つね子はミシンの手を止めて慌てて出てきた。

「何て仰ったの、あなた、泊居のお義父さんの事？」

「社のデスクに電話が入った、危篤だそうだ」

「まあ、御病気だって聞いてなかったのに」

秀雄は机の引き出しを開けたり閉めたりしながら中をごそごそ掻き回していたがくるりとつね子の方を向いて、

「とにかく津村の姉の所へ行ってくる」

と立ち上がりながら、おい金はあるか、と振り返った。

「ないわ、どうしましょうあなた」

秀雄が黙り込んだ。小熊さぁん、その時玄関で慌ただしい声がした。電報配達員だった。

——ゴゴ一ジチチシス　オイデヲマツ　ナカ——

昭和三年四月二十二日、継母のナカからの報せだった。樺太へ発つにしても纏まった金とやり掛けの仕事の整理が必要だった。中二日置いて秀雄は二十五日の夜行列車で旭川を発った。小樽から泊居行きの船に乗るためだった。

つね子はぼんやりとして秀雄の机の前にいた。今後の事がどうなるのかも心配だったが、秀雄が義父の葬儀で継母のナカといざこざを起しませんようにと祈る思いだった。ふっと秀雄の使い掛けのノートの隅に書き殴られたた一首が目に留まった。

「遠くいて父の訃を聞くいまだかもそのかなしみはこもりて出でず」

つね子はそっと目を拭った。七日の忌を終えて秀雄は五月四日の朝疲れ切って帰ってきた。つね子、と興奮した声で呼んで座らせた。

「東京へ行くことにした、色々整理しておけ」

「何時ですかあなた、それに新聞社はお辞めになるの」

こうなるのではないかという予感はあった。つね子は以前のつね子ではなかった。離れたくない故郷と安定した夫の職業ではあるがこの人に従いていくより他、選択の道はないのだと思った。以前から秀雄の上京の夢は膨らんできていたが、決断はやはり父三木清次郎の死とそれに伴う継母の去就だった。身寄りのないナカは秀雄の許へ来て世話になることを当然のこととして主張した。すぐにでも樺太を引き上げて旭川へ住みたいと云う。旭川へ来てさえしまえば秀雄だって職業柄、世間の手前面倒を見ない訳にはいくまいというのがナカらしい計算であった。秀雄の方は死ぬほど嫌っていた継母に纏い付かれては居ても立っても居られぬほどの生活になる。これはナカの来る前に逃げるにしかずと葬儀の参会者の手前、ナカにはいい加減な返答をしてきていた。出立は急がなければならなかった。

神楽丘公園へ行きましょうと小池が訪ねてきたのはよく晴れた日曜日の午後だった。二人は公園でウイスキーを飲み林檎《りんご》を齧《かじ》り、心ゆくまで語り合ったという。

「叔母ちゃん、やっぱり行ってしまうのねえ、これ新聞に送別会の事出てるよ」

そうっと入ってきた雪子が、五月二十一日の新聞を広げて小さな囲みを指した。

『小熊秀雄氏送別短歌会今日開催（旭川歌話会に於て）旭川歌話会では同会幹事小熊秀雄氏が東京に転任することとなり六月三、四日頃出発の予定なので氏の送別歌会を本日午後七時から酒井廣治宅において開くことになった。会員は揮って出席ありたいと……』と出ている。その夜の会には小林昴ら十七名が集まり、『夜』『皿』『菜』の三題を小熊が提出したり、小熊への餞別《せんべつ》歌が出たりして会を終え、秀雄を交えた歌人がいつもの焼き鳥屋へ流れたのだそうである。

「雪子も女学校を出たら東京へ来るといい。あ、そうそう、雪子にこの鳩時計上げようね、大切な時計だったんだから叔母ちゃんだと思って可愛がって頂戴」

つね子は時計を指して、私達が出ていったら外してお持ちなさいねと云った。

「本当なの叔母ちゃん！　嬉しいなあ、だけどさ、惜しくなあい？」

ううん、つね子が首を大きく振った。失礼します、大人っぽい仕草で云って雪子が帰ると、つね子は崎本の父や兄にも随分世話になったのに秀雄はどう思っているんだろうなど と、津村の姉の所へはしげしげと足を運んでいるらしい夫をふっと疎ましく思ったりする。

小池青年が最後に訪ねてくれたのは二十七日の夜だった。五月にしては思いもかけぬ暑い日だった。小池は「これ餞別です」と云ってポケットから分厚い封筒を取り出した。一瞬秀雄の目が輝いた。

「すまんなあ、小池君、少しの間貸しといてくれよ」

秀雄が袋から取り出して札を数え始めた。つね子は身の置き場がなかった。小さくなって俯いていた。

「三十円、確かにお借りします」

秀雄が頭を下げた。小池青年は「返してもらわなくていいんですよ」と何度も繰り返す。つね子の目が涙でかすんできた。彼女は台所へ駆け込んだ。焔がよちよちと追ってきた。

家の外へ出てぐるりと一回りして来ようと思った。牛朱別川の河畔も見納めになるかも知れない。北こぶしが雪を思わせるように咲き競っていた。野川牧場の牧柵の中で生まれて間もない子牛が夕陽を浴びていた。焔の手を引いたつね子は牛にもカラスにも毛の抜けたあの野良犬にも別れを告げたいような思いだった。カア、カア、カア、焔がカラスの鳴き声を真似て笑った。

ぼうっぽうっぽうっ、鳩時計が七時を打った。家の中はすっかり片付いてしまって手持ち無沙汰だった。秀雄の吐く煙草の匂いだけが家中に漂っている。つね子は焔を背負って出る時のねんねこと紐を用意してから立ち上がって時計を見上げた。秀雄もしょうことなしに座ったまま鳩時計を見ている。二人は顔を合わせることを避けるようにしてそれぞれの思いの中に居た。

「鳩時計」

扉をひらいて鳩が出てきた
さてクックッと鳴いたきりで
何にも報告することが
ないと引退つた
報告のない人生
まさに彼女のいふ通り

さあ、と云って焔を背負ったつね子がしっかりと紐を締めた。

草履を履いていると、ぼうっぼうっと鳩時計の音が追いかけてきた。十まで打つのを確かめてから外へ出た。一瞬闇がつね子を包んだ。

上野行きの夜行列車は午前零時十二分だった。

昭和三年九月二日夜、小熊秀雄一家は車中の人となった。

第三章　後奏曲　postlude

岩国まで

ただでさえ方向音痴なのに、多磨霊園で参礼の定刻に一時間も遅れてしまった私は、広い墓地内を、うろ覚えの地目を頼みに右往左往していた。二十分近く歩き回って諦めかけていた時、左前方に小熊秀雄賞を立ち上げた谷口さんと、小熊秀雄の詩を読む会の仲間である土肥さんらしい後ろ姿を見つけて声を上げた。慌てて枯葉の降りしだく墓石の間を縫って走った。

墓前に参りたいという私の切望に、つね子さんを最後までお世話していた飯塚さんが同行して下さり、二十四区一種の小熊秀雄の碑の前まで戻った。帰り道、私はふと洩らした。

「岩国まで行こうか、どうか迷ってるの」

「えっ、山口県の？　つね子さんの故郷？」

「そうなの、私の中のつね子さんを追いかけてウロウロしてるんだけど……、今一つイメージが固まらないんです、岩国まで行ったからってどうなるものでもないんでしょうけど。想いだけで書こうっていう作文なんですもの」

「いいなあ、もう少し近かったら、付き合うんだけど……」

飯塚さんの優しい目が、樹影を受けて澄んでいた。

翌々日の十二月二日、私は博多行きの、東海道山陽新幹線ひかり号の車中にいた。東京駅から六時間かかり、新岩国駅へ着いたのは午後四時。道幅の狭い国道2号線を走るバスに乗った。両側に並ぶ瓦屋根の塀や垣根から、山茶花が咲きこぼれ、熟柿が夕陽に輝いている。街を二分して錦川（岩国川ともいう）が滔々と流れていた。薄暮の森の中に、岩国城の麗姿が浮いて見え、日本三名橋の一つ錦帯橋は、五つの半円形を横たえていた。

岩国駅の案内所で紹介された「山根旅館」は、古い木造の小さな宿で、錦帯橋周辺に広がる観光地の小路にあった。二食付六千円の宿料は安かったが、襖一枚の隣室から、夜半に蛮声が聞こえてきて、戸障子の鍵を押さえながら、私はまんじりともしなかった。その夜、門前町の崎本務さんのお宅へ、突然の不躾《ぶしつけ》を詫《わ》びながら電話をした。住所は旭川のつね子さんの甥の崎本昇さんに聞いていた。電話は女性の声で、務さんは昭和五十八年に物故したと云う。お嫁さんで広子さんという方だった。広子さんは電話の向こうで、躊躇されたらしかったが、玄関先だけでもと、無理なお願いをする私に、明日午後一時にお待ちしましょうと云ってくれた。つね子さんは旧姓を崎本といい、明治三十六年十月三日、岩国の尾津寺前に生まれている。当時、寺前と尾津は、牛野谷町と合わせて愛宕村と呼ばれていたらしく、つね子さんは尾津だから、崎本務さんの家が実家だという確証はなかったが、私は由ある家を一目でいいから見たかったのである。

翌朝早く、二百円の通橋料を払って錦帯橋を渡り、向こう側の吉香公園に行く。宿で貰った地図を頼りに広い公園内の徴古館を尋ねた。教育委員会が管理している郷土館で、名産の瓦の由来や、デルタの説明図が並んでいた。奥の事務室で、白髪の館長さんから、教委が編纂《へんさん》した『岩国の歴史散歩』や、戦記の『陰徳記抄』などを見せてもらった。私は、つね子さんが、入院していた橋本病院の廊下の隅で「私はね、桂コウシャクの血筋なのよ」と話してくれたことを覚えている。桂コウシャクを桂小五郎と重ねて話したら、館長さんは一笑に附された。時代考証をする迄もなく小五郎でないのは確かだったが、桂家との何らかの関わりがつね子さんの矜持《きょうじ》を支えていたのだろうと思う。帰りがけに、門外不出という徴古館友の会が纏めた『御家人帳』を見せてくれた。家中侍の名簿である。その中に御中老四百五十石の桂万衣吉を筆頭に十三名の桂氏がいた。解ったのはそこ迄である。

午後、私は市バスに揺られていた。教えられたバス停で降りたが、崎本家はなかなか見つからない。初冬の陽が明るく青い屋根瓦や、柊《ひいらぎ》の籬《まがき》にこぼれ、私は入り組んだ小路にコツコツと靴音を広げながら、つね子さんの幼姿を追っていた。三十分も歩いただろうか。荘重な門構えの大きな白壁の邸に、広子さんから教えられていた「崎本穆荘」の楷書の木札が律儀さを見せているのを探し当てた。広子さんは四十歳ぐらいの綺麗なひとだった。三和土に靴を脱ぎ仏間で務さんの遺影と対面した。広子さんは仏壇の引き出しから系譜帳を取り出して調べてくれた。だが、本家の尾津と寺前の崎本家は、婚姻関係や養子縁組みなどの家同士の交流が複雑を極め、つね子さんの実父、富三郎さんが尾津の崎本家の出であることは解ったものの、務さんと富三郎さんとの接点すら確認出来なかった。「義父が存命中だと詳しく解ったかと思うのですが」と、広子さんは云ってくれたが、研究者でもない私は、つね子さんのご縁でお逢いしていただけたことだけで、心から感謝していた。

恐縮しながら辞去しようとしたら、広子さんは、自宅の畑で作ったという名産のレンコンの土を拭いながら、「重いでしょうけど」と、差し出した。

「まあ！」私が言葉もなく立ち竦んでいるのを見て、「一寸、お待ちになって……」と、もう一度裏へ走り、完熟した、だがしっかりと実のつまった柿を『岩国吾作』と印した紙袋に入れて持ってこられた。

広子さんの好意が、つね子さんへの想いと重なって、私は噴きこぼれそうな涙をこらえていた。

白い道、どこまで続く―私の小熊つね子抄―　あとがき

人生誰方にでもある些細な或いは大小の波乱、その前半を過ぎて起きたふとした出会い、そこから連鎖して展開していく人間関係。アバンギャルド詩人といわれ三十九歳の命を燃え尽きた詩人小熊秀雄夫人のつね子さんとの偶発的な出会いが衝動となって、私は暇をみつけてはペンを走らせていました。子供の頃から本が好きで長ずるにつれ文章表現することに興味を覚え多忙な家業の合間を縫って地元の同人誌を始め、文学講座や通信講座の末席を汚しておりました頃、所用で上京中急病で入院即手術となった前日、その池袋椎名町の橋本病院で、ふと言葉を交わした小柄な白髪の婦人が小熊つね子さんでした。数年前に旭川で結成された「小熊秀雄協会」では全国の一般公募者の中から毎年受賞者が輩出し、やがて東京で「小熊秀雄全集全五巻」を刊行した創樹社（社長故玉井五一氏）等が核となり「長長忌」と銘打たれた集いが毎年九月に開かれるようになり、私の許へもつね子さんを介して御案内頂くようになりました。毎年九月になると落ち着かなく、仕事を片付けながら、小熊作品や評論なども読まねばならず、でも憑かれたようにいつか小熊を取り巻く人の渦の中にありました。そして札幌で「小熊秀雄の詩を読む会」を起ちあげ「白樺通信」という機関紙も友人、知人、諸先生方の御協力により発行したのですが現在は頓挫し

ております。老齢になり、体調が悪く施設のお世話になっております現在、小熊つね子さんとの出逢いを書き溜めた拙稿を一冊にしたいと願っていた夢も凋んでおりましたところ、この度「文芸社」さんとのご縁を頂いて出版することになりました。どうぞ宜しくお願いいたします。また、最近極度に聴力、視力の衰えを痛感し、躊躇しておりました私に、文芸とはジャンルの異なる学問畑の七十歳を過ぎた息子が珍しく理解を示し全面的に協力をしてくれることになり、心から嬉しく感謝しております。周囲の温かいご理解と人間性を墓標に四十一歳で急逝した娘の許へ参る日もそう遠くはないと思っています。ＡＩが先陣を切る現世でございますが、ご購読いただけたら嬉しく存じます。

大堀普美子

小熊秀雄（一九〇一年九月九日～一九四〇年十一月二十日）

小樽に生まれ、多感な青春時代を樺太、旭川で過ごす。様々な仕事に就き苦労したのち旭川新聞社の記者となり、その頃から精力的に創作活動を行う。一九二八年上京。大正末期から昭和へかけての日本の転換期に、その短い生涯を民衆の立場で表現する詩人として活躍。当時池袋周辺に存在したアトリエ村「池袋モンパルナス」は、秀雄の詩が由来であるといい、自身もその中で、詩や童話、評論のほか絵も描いた。赤貧の中、ロウソクの灯りで詩を書き、叙事詩的な抒情を噴き上げるように喋りまくる詩人であったという。

一九三五年、『小熊秀雄第一詩集』（耕進社）、長編抒情詩『飛ぶ橇』（前奏社）を刊行。これにより詩人としての地位を確立。後年、漫画出版社「中村書店」の編集顧問となり、その時に書いた漫画の原作『火星探検』は、日本のＳＦ漫画の先駆的作品といわれ、手塚治虫、松本零士、小松左京らに影響を与えている。没後、一九五二年に刊行された『小熊秀雄全集』（創樹社）は、毎日出版文化賞を受賞。

小熊つね子（一九〇三年十月三日～一九八二年一月三十一日）

山口県岩国市に生まれ、八歳の時、家族とともに北海道旭川へ移住。旧姓崎本つね子。小学校の音楽教師をしていた二十一歳の時に秀雄と知り合い、熱烈な恋愛の末、二十二歳で結婚。二十三歳で長男を生む。二十五歳の時、秀雄と一緒に長男を連れて上京。三十七歳の時、秀雄が肺結核のため死去、その五年後、一人息子の「焔」も秀雄と同じ病で死去。以降、秀雄の残した膨大な原稿と共に一人で暮らしていたが、後年長らく入院していた豊島区の橋本病院にて、七十八年の生涯を閉じた。

著者プロフィール

大堀　普美子（おおほり　ふみこ）

北海道在住。1987年、上京中に病魔に倒れ、入院した橋本病院で、小熊つね子と知り合い、約１ヶ月を共に過ごす。それから小熊秀雄の詩の世界へ深く入り込み、1988年に「小熊秀雄の詩を読む会」を創設。やがて、つね子の人生について書くことがライフワークとなり、北海道や東京の文芸誌などにエッセイや詩や俳句を寄稿、著書に『お星さまのかけら』（北海道新聞社刊）などがある。

白い道、どこまで続く　私の小熊つね子抄

2024年１月15日　初版第１刷発行

著　者　大堀 普美子
発行者　瓜谷 綱延
発行所　株式会社文芸社
〒160-0022　東京都新宿区新宿１－10－１
電話　03-5369-3060（代表）
03-5369-2299（販売）

印刷所　株式会社平河工業社

ISBN978-4-286-24788-5